Margaret Jensen
Fest verankert – fester Halt!

Viel Glück und viel Segen

wünschen die

„Geigers"

Margaret Jensen

Fest verankert – fester Halt!

Verlag C. M. Fliß
Lütt Kollau 17, 22453 Hamburg

© 1997 by Harvest House Publishers,
Eugene, Oregon 97402, USA

Alle Rechte vorbehalten.

© 1997 der deutschsprachigen Ausgabe,
by Verlag C. M. Fliß, Lütt Kollau 17, 22453 Hamburg

1. Auflage 1998
Originaltitel: A nail in a sure Place
Übersetzung: Doris Ewert
Satz: Convertex, Aachen
Umschlag: Image-Design, Landsberg
Druck: Printed in Germany

ISBN 3-931188-24-8

Soweit nicht anders vermerkt, wurden die Bibelzitate der revidierten
Elberfelder Bibelübersetzung entnommen.

Wir informieren Sie gern über unser Gesamtprogramm.
Postkarte genügt:
Verlag C. M. Fliß, Postfach 61 04 70, 22424 Hamburg
Tel. 040 / 58 64 92, Fax 040 / 58 37 04

Inhalt

Ein besonderer Dank

Auch im Zeitalter »magischer« Computer schreibe ich immer noch auf gelben Briefblöcken – auf Flughäfen, in Flugzeugen, Hotelzimmern, ja, sogar im fahrenden Auto.

Wenn ich wieder zu Hause bin, in meinem wunderschönen »Versteck«, suche ich die ganzen Notizen zusammen. Dann fängt erst die eigentliche Arbeit an. Harold, mein Mann, nahm sich immer mein Gekritzel vor, tippte es in die Maschine, und die Seiten flogen meilenweit übers Land. Dann nahm Gott ihn zu sich. Nun schickt Linda Britton, mein Computer-Engel, die gelben Seiten auf die Reise.

Mein Dank gilt zunächst unserem Sohn Ralph, der ein Stück Holz in die Hand nehmen und daraus etwas Wunderschönes machen kann. Das hat er für mich getan. Danke.

Ich danke unserem Neffen Steve Jensen, der nicht nur seinen Hammer mitbrachte, sondern seinen Humor mit dem von Ralph verband. Wir hatten sehr viel Spaß zusammen, vielleicht auch ein wenig Frust, aber nichts wirklich Tragisches.

Danken möchte ich der ganzen Verwandtschaft, die mir alten Frau immer wieder gut zuredet, mit dem Schreiben weiterzumachen.

Ich danke den Mitgliedern meiner Kirchengemeinde, der Myrtle Grove Presbyterian Church, sowie Horace Hilton, Pastor im Ruhestand, und Jim Glasgow, dem amtierenden Seniorpastor. Diese Männer heißen mich nach meinen Reisen immer sehr herzlich willkommen und erquicken mich durch ihre Liebe und Gebete.

Danken möchte ich auch meiner neuen Familie vom Harvest House-Verlag.

Zu guter Letzt gilt mein Dank all den vielen Freunden fern und nah, die mir immer wieder Grüße schicken und mich in ihre Gebete einschließen.

Widmung

Dieses Buch ist Larry Marbry gewidmet, der das, was er in der Hand hatte, zur Ehre Gottes und zu meinem Wohl benutzte.

Er nahm einen Hammer und schlug damit einen Nagel an einem festen Ort ein. Von diesem Nagel her kamen kreative Gestaltung und Schönheit – *mein* sicherer Ort.

Ehre sei Gott!

»Die Menschen greifen immer wieder auf die wenigen zurück, die das geistliche Geheimnis erfaßt haben – deren Leben mit Christus in Gott verborgen ist. Sie vertreten den ursprünglichen Glauben, der an den Nägeln des Kreuzes hängt.«

– Robert Murry McCheyne über Oswald Chambers

Und ich werde ihn als Nagel einschlagen an einen festen Ort; und er wird seinem Vaterhaus zum Thron der Ehre sein. Und man wird die ganze Ehre seines Vaterhauses an ihn hängen.

(Jesaja 22,23-24)

Die Bedeutung der »Nägel«

von Tim Hansel,
Gründer von »Summit Expedition«
Autor von *Holy Sweat, You Gotta Keep Dancin'*

Ich glaube, daß das Leben als Ganzes ein riskantes Abenteuer ist. Aufgrund dieser Tatsache arbeite ich seit nunmehr achtzehn Jahren in einem höchst ungewöhnlichen Werk mit, das sich »Summit Expedition« nennt. In erster Linie geht es uns darum, Menschen eine Erfahrung zu vermitteln, die ihnen zeigen soll, daß der christliche Glaube ein Abenteuer ist wie kein zweites. Es gibt kein größeres Vorrecht, als Jesus Christus zu kennen und Ihm zu dienen.

Zum Glück war es nie Gottes Absicht, daß wir uns allein in dieses Abenteuer stürzen sollten. Das größte Geschenk, das Er uns – abgesehen von Seinem eigenen Sohn – gemacht hat, sind Brüder und Schwestern im Glauben.

Als ich mit Bergsteigen anfing, benutzten wir sogenannte »Pitons« (ein kleiner, nagelähnlicher Gegenstand, der in Felsspalten eingeschlagen wird), um uns an den gefährlicheren Stellen abzusichern. Jedesmal, wenn der Bergführer eine besonders steile Felswand in Angriff nahm, schlug er zunächst alle drei bis vier Meter einen solchen Nagel in den Fels und befestigte daran das Seil mit einem Karabinerhaken, um die Kletterer im Fall eines Sturzes vor dem Absturz zu bewahren.

In ähnlichem Sinne glaube ich, daß unser lieber Vater im Himmel Menschen in unserem Leben befestigt oder »einschlägt«, an denen wir uns in schwierigen Zeiten festhalten können. So wie unsere »Pitons« den Kletterern Halt boten, geben uns diese besonderen Menschen greifbare Hoffnung und Sicherheit, wenn wir den unvermeidlichen Herausforderungen und manchmal fast überwältigenden Hindernissen des Lebens gegenüberstehen. Margaret Jensen nennt diese Menschen »Nägel an einem festen Ort«.

Gott hat der Schreiberin ein bemerkenswertes schriftstellerisches Talent verliehen. Ihre Bücher sprudeln über vor Leben, und ihre Liebe zu Gott, die darin zum Ausdruck kommt, wirkt regelrecht ansteckend. Auf den folgenden Seiten macht sie uns auf packende Art und Weise deutlich, daß wir alle für irgend jemanden ein »Nagel an einem festen Ort« sein können. Jesus hat ausdrücklich betont, daß die Menschen uns in erster Linie daran als Seine Jünger erkennen werden, daß wir uns untereinander wirklich liebhaben.

Dieses Buch wird Ihr Leben verändern. Abschließend wage ich zu behaupten: Es gibt jemanden in Ihrer Nähe, der sich gerade in diesem Moment auf einer schwierigen Kletterpartie befindet – und er braucht Sie!

1

Die Zeltpflöcke

Die Kirche samt ihrem spitzen Turm war von den Nachkommen jener Farmer errichtet worden, die vor so langer Zeit die Zeltpflöcke ihres Glaubens in den Grund ihres Gemeinwesens getrieben hatten.

Die Maschine der Canada Air erhob sich von der Startbahn. Minuten später schwebten wir hoch in den Lüften, mit Ziel auf Saskatoon/Saskatchewan.

Ich schaute aus dem Fenster und sah zu, wie die duftigen weißen Wolken spielerisch über den strahlend blauen Himmel segelten. Tief unter den Wolken spielte die Erde ein anderes Spiel. Die Prärie sah aus wie ein riesiges Schachbrett: Gelbe Getreidefelder wechselten mit Flächen schwarzer Erde ab. Ein gigantischer Zaun aus turmhohen grünen Fichten zeichnete sich klar gegen das Kobaltblau des Himmels ab. Farmhäuser standen da und rührten sich nicht von der Stelle, wagten vielmehr ein geschicktes Spiel mit den Entwicklungsexperten des 20. Jahrhunderts und ihren Planierraupen. Viehställe aus roten Ziegelsteinen und Futtersilos bildeten die Schutzschilde, die die Schachzüge des Menschen gegen die bunt gewürfelte Prärie abwehren sollten.

Ich lehnte mich in meinem Sitz zurück und versuchte, mich zu entspannen. Ich befand mich auf dem Weg zurück zu meiner »Insel« – jenem Ort, den ich irgendwo im hintersten Winkel meines Gehirns versteckt hatte. Meine Gedanken flogen auf den Schwingen des Präriewindes zurück – zu jenem Tag vor sechzig Jahren, als ich aus dem verrußten Fenster eines Zuges geblickt hatte, der uns mit monotonem Klick-Klack-Klick-Klack über die Schienen zu unserem neuen Zuhause in Chicago/Illinois trug. Papa sollte dort seine neue Stelle als Pastor der Logan Square First Norwegian Baptist Church antreten.

Gott und Mama hatten den Kampf um das »rote Linoleum« gewonnen, und sie folgte Papa mit stillem Glauben in das unbekannte Land. Die bunt gewürfelte kanadische Prärie, das kleine Haus mit dem Holzofen und dem Schaukelstuhl in der Küche, der Schuppen hinter dem Haus und der Wasserwagen – all das gehörte von nun an der Vergangenheit an. Mamas Herz war fest auf das eine Ziel gerichtet, Gott zu gehorchen. Ihre Füße und ihre Kinder würden folgen.

Ich teilte Mamas feste Überzeugungen nicht. In meinem kindlichen Verstand wußte ich nur, daß eine Ära unwiederbringlich zu Ende gegangen war. Während der Zug immer weiter vorwärtspuffte, blickte ich ein ums andere Mal zurück. Die Kornfelder, die bis in den Himmel ragenden Wälder, die galoppierenden Hufe meines Pferdes Dolly, die Traktoren und Pflüge – und auch mein Schwarm, der Farmerssohn – würden nicht mehr da sein. Meine Tränen vermischten sich mit dem Ruß am Fenster.

In Chicago angekommen, dauerte es nicht lange, bis das Türenschlagen in unserer Wohnung im zweiten Stock, das Blechdosentreten auf den Gassen, das Bimmeln der Straßenbahnen und das Dröhnen der Hochbahnen die vertrauten Geräusche meiner neuen Welt geworden waren.

Ich erinnere mich noch, wie die Julihitze auf die Ziegelsteine der Häuserreihen herniedergebrannt und ich ein stilles Plätzchen auf der Feuerleiter gefunden hatte. Dort hockte ich, schloß die Augen und träumte von der Prärie. Schon damals suchte ich nach einer »Insel«, einem Ort, der mir Zuflucht bot. Im Geist ritt ich wieder auf Dolly über die schlammigen Wege von Diakon Salens Farm nach Brancepeth. Aus den Wäldern drang das langgezogene Geheul eines einsamen Präriewolfs, und mich durchrieselte ein Schauder des Entzückens – fühlte ich mich doch auf dem Rücken meiner alten, treuen Stute absolut sicher. Ich spürte ihre drahtige Mähne an meiner Wange und flüsterte ihr ins Ohr: »Ich liebe dich, Dolly, und ich werde dich nie vergessen.«

Doch meine Freude währte nicht lange. Mamas Ruf aus der dampfenden Küche holte mich von meiner Trauminsel zurück, und ich war wieder ein Teil der Wohnung im zweiten Stock: Mama, Papa und sechs Kinder. Mit meinen zwölf Jahren war ich die Älteste.

Papa hatte im Glauben einen Kirchturm gesehen.
Ich sah ihn in Wirklichkeit.

Jetzt, sechzig Jahre später im Juli 1988, kehrte ich tatsächlich zu meiner Insel zurück. Endlich wieder zu

Hause! Die Maschine der Canada Air war sicher auf dem Flughafen von Saskatoon gelandet.

In der Abfertigungshalle kam eine winzig kleine Frau auf mich zu. »Sind Sie Margaret Jensen?« fragte sie schüchtern.

»Ja.«

»Ich bin Bernice – die Frau, die Ihnen geschrieben hat.«

Ich umarmte sie und wunderte mich, daß dieses Vögelchen mit den gebrochenen Flügeln überhaupt zum Flughafen gekommen war. Sie war eine junge Frau, deren zarter, zerbrechlicher Körper von starken Armen gestützt werden mußte. Wenn sie fiel, mußte ein anderer sie aufheben. Da sie nicht sitzen konnte, mußte sie im Stehen essen und konnte immer nur ganz kleine Portionen weicher Speise zu sich nehmen. Wenn sie mit dem Wagen irgendwohin gebracht werden mußte, hatte das in halb liegender Stellung zu geschehen.

Ihre Augen waren es, die mich fesselten – zwei große blaue Augen, die Fenster einer Seele, die sich nicht in diesem zerbrechlichen Leib einsperren lassen wollte. Ihr Geist schwang sich mit dem Wind auf und verlieh denen, deren Glaube schwach war, Hoffnung und Stärke. Aus ihren Augen strahlten kindlicher Glaube und echte Lebensfreude. Durch unseren Briefwechsel hatte ich ihr schriftstellerisches Talent kennengelernt – eine Gabe von zarter Schönheit. Ich staunte über die Gnade Gottes, der diesen glänzenden Nagel an seinem festen Platz eingeschlagen hatte. Wahrhaftig, der Baumeister kennt Seine Werkzeuge genau!

Später fuhren wir nach Birch Hills, wo ich Gast in Norman Thompsons Haus war, dem Enkel jener

Thompsons, die Papa und mir vor sechzig Jahren Unterkunft gewährt hatten. Der Wassereimer neben dem Ziehbrunnen und der Kohleherd in der Küche waren durch Geschirrspüler und Mikrowelle ersetzt worden. Doch die Bequemlichkeiten der Neuzeit hatten die Umgebung nicht verändert. Die Landschaft war noch immer dieselbe – endlose Felder unter einem unendlichen blauen Himmel.

Ich war als Gastrednerin für die Einweihung der neuen Lake Park Baptist Church von Birch Hills eingeladen. Vor sechzig Jahren hatte ich stolz neben Papa gestanden, als er die Zeltpflöcke in die Erde trieb. »Ja, ja, Margaret«, hatte er gesagt, »irgendwann wird es hier durch Gottes Gnade eine Kirche geben mit einem Turm, der bis in den Himmel reicht. Ja, Margaret, denk an meine Worte!«

Ich legte den Kopf in den Nacken. Dicht vor mir ragte der Turm der neuen Kirche majestätisch in den blauen kanadischen Himmel. Die Kirche samt ihrem spitzen Turm war von den Nachkommen jener Farmer errichtet worden, die vor so langer Zeit die Zeltpflöcke ihres Glaubens in den Grund ihres Gemeinwesens getrieben hatten. Papa hatte im Glauben einen Kirchturm gesehen. Ich sah ihn in Wirklichkeit.

Hinter der neuen Kirche blies der Wind sanft über die goldenen Kornfelder. Von weither waren die Verwandten und Freunde gekommen, um in das gewaltige Gotteslob mit einzustimmen:

Ob es der Frühling ist, ob Herbst, ob Winter,
Bleibend ist Deine Treu, o Gott, mein Vater...

Durch Musik, Ansprachen, Fotos von früher, Festessen und Gemeinschaft verschmolzen die Tage zu einer einzigen riesengroßen Freudenfeier.

Als ich mich schließlich erhob, um meine Rede zu halten, floß mein Herz über vor Dank zu Gott, daß ich noch zu meinen Lebzeiten die Ernte von den Bäumen der Gerechtigkeit, die Gott gepflanzt hatte, sehen durfte.

Im Geist sah ich Papa vor mir, wie er das Zelt aufstellte, Gottesdienste in Schulen abhielt, Neubekehrte im Fluß taufte und mit seinem alten Ford über staubige Straßen fuhr, um den Verzweifelten Hoffnung zu bringen, den Schwachen Mut zuzusprechen, in den Verzagten Glauben zu wecken und den Traurigen Trost zu spenden. Die Farmer, alles kräftige, grobschlächtige Norweger, hatten die dichten Wälder gerodet, die unebenen Felder gepflügt und dabei stets ihr Versprechen gehalten, zuerst nach dem Reich Gottes zu trachten – in der Gewißheit, daß ihnen dann die Getreideernte hinzugefügt werden würde.

Und so geschah es auch!

»Komm nach draußen, Margaret, du mußt dir unbedingt die Nordlichter ansehen. Schau, sie sehen aus wie tänzelnde Pferde am Himmel.«

Auf der Thompson-Farm hatte ich einst hinter Sivert, meiner ersten Liebe, auf dem Traktor gesessen. Heute saß seine hübsche Tochter am Klavier – eine erwachsene reife Frau mit einem bezaubernden Lächeln. Auf der Farm von Diakon Salen hatte ich gelernt, Kühe zu melken. Dort hatte ich mir im Wald mein Spielhaus gebaut und eine Bühne errichtet, um den Bäumen Geschichten zu erzählen. Nur der Wind hatte damals Beifall geklatscht.

Diakon Salens Tochter Cora hatte bei den Zeltver-
sammlungen das Harmonium gespielt. Heute lächelte
sie mir aus der Zuhörerschar zu, als wir uns an unser
gemeinsames Pferd Dolly erinnerten.

Mitten in der Menge fröhlicher Gesichter sang
meine neue Freundin Bernice, mein Vögelchen mit
den gebrochenen Flügeln, ihr freudiges Glaubenslied.
Die Welt hörte die Musik und lauschte ergriffen.

Abends aß ich zusammen mit den Kindern, den
Enkeln von Papas alten Freunden, mein Butterbrot.
Sie nahmen mich bei der Hand. »Komm nach draußen, Margaret, du mußt dir unbedingt die Nordlichter
ansehen. Schau, sie sehen aus wie tänzelnde Pferde
am Himmel, und die dort drüben erinnern an den
Regenbogen.«

Die Sterne hoben sich hell vom dunklen Himmel
ab. Dann verloschen die sanften Lichter langsam, so
wie ein Vorhang fällt, und brachten damit das Drama
zum Abschluß.

Ich erinnerte mich an einen Ausspruch, den ich einmal gelesen hatte: »Menschen können wohl Kirch-
türme einreißen, aber die Sterne können sie nicht weg-
schieben.« Gott hat die Sterne an ihrem Platz befestigt,
und ich befand mich wieder an dem vertrauten Ort
meiner Kindheit, mit der gleichen Botschaft, die Papa
damals gepredigt hatte: »Gott ist das ›Nordlicht‹, das
in die Finsternis der Menschen hineinleuchtet.«

So wie Gott die ersten Farmer als Nägel an einen
festen Ort eingeschlagen hatte, hatten ihre Kinder
und Enkel die Seile des Glaubens ihrer Väter fest um
das alt-rauhe Kreuz geschlungen, das sich hoch über
die Ruinen der Zeiten erhebt.

Wir lachten und weinten zusammen, und der
Klang von »Amazing Grace« wurde vom Wind weit

über die reifen Kornfelder getragen, bis hinauf zum Herzen Gottes – und zu der Wolke von Zeugen.

Papas Worte klangen mir noch in den Ohren: »Ja, ja, Margaret, eines Tages wird es hier eine Kirche geben.«

Du hast recht gehabt, Papa. Heute, nach sechzig Jahren, hallt es durch diese Kirche:

Wenn wir zehntausend Jahre sind
in seiner Herrlichkeit,
mein Herz noch von der Gnade singt
wie in der ersten Zeit.

und:

Bleibend ist Deine Treu',
O Gott, mein Vater…

P.S. Das hübsche Vögelchen mit den gebrochenen Flügeln ist im Jahr 1996 heimgeflogen zu Gott. Aber sein Lied hört man immer noch.

2

Das Haus in der Avenue J

*Die kleinen Häuser mit den großen Lektionen
scheinen den großen Häusern mit den kleinen
Lektionen Platz gemacht zu haben.*

Früh am Morgen kam die Zeit, mich von meiner geliebten kanadischen Prärie und meinen neuen Freunden in Birch Hills zu verabschieden. Bald lag die offene Straße vor meinem Gastgeber und mir, während wir dem Flughafen von Saskatoon entgegenbrausten. Doch ich nahm weit mehr mit als nur schöne Erinnerungen. Von den Urenkeln aus Birch Hills hatte ich kleine Geschichten, Lieder und Bastelarbeiten bekommen, mit denen ich mein neues Büro in North Carolina schmücken wollte. Eine weitere Gunst hatte ich mir ausgebeten – ich wollte gern das Haus 510 in der Avenue J noch einmal wiedersehen.

Während wir die menschenleere Straße entlangsausten, atmete mein Chauffeur tief die frische Luft ein. »Man riecht den Duft von reifem Getreide«, bemerkte er.

Ich wandte mich seitwärts, um sein von der Sonne gebräuntes Gesicht zu betrachten, während er weitersprach. »Wer einmal den Geruch der reifen Gerstenfelder gerochen hat, kann die freudige Erregung über die Ernte nie mehr vergessen. Egal, wie weit ich von zu Hause fort bin – ich kann es gewöhnlich kaum erwarten, wieder zu diesen wogenden Kornfeldern zurückzukehren. Man steht auf seinem Feld und sieht, so weit das Auge reicht, nichts als Felder; Felder von gelbem Getreide und dazwischen die Windschutzhecken aus hohen Fichten. Neben diesem leuchtenden Gelb sehen die Flachsfelder aus wie blaue Seen.«

Ich lächelte in mich hinein. Wie gut konnte ich die Tiefe seiner Gefühle, seine Liebe zu diesem Land und die Befriedigung bei der Ernte verstehen. Ich dachte an Papa, während ich förmlich noch den Duft der reifen Felder von Birch Hills in der Nase hatte.

Ich dachte an die ersten Siedler, die das Land Hektar für Hektar mit der Hand gerodet hatten. Die Männer hielten die Zügel ihrer Pferde, die den Pflug zogen, und achteten sorgfältig darauf, gerade Furchen für die Aussaat zu bekommen. Sonne, Regen und Wind ließen das Getreide wachsen, und dann kam die Ernte. Noch ehe sie damit begonnen hatten, das Land zu roden, hatten die Farmer Gott das feierliche Versprechen gegeben, daß sie den Tag des Herrn ehren und heilighalten würden. Der Sonntag war für Gottesdienst und Familie reserviert; Pferde und Pflug durften ruhen.

Heute, drei Generationen später, schweigen die Traktoren am Tag des Herrn. Der Sonntag ist immer noch Gott und der Familie vorbehalten. Die vierte Generation der Siedler begeht ihn auf ihre eigene Weise. Einer nach dem anderen kamen die Mitglieder des

Sportvereins zu dem Schluß, daß der Sonntag ein besonderer Tag sei und sie deshalb nicht am Training teilnehmen würden. Dem Trainer blieb nichts anderes übrig, als die Übungsstunden auf einen anderen Wochentag zu verlegen.

Der Glaube der Väter lebt weiter.

Papa hatte nie gemeint, etwas wirklich Großes zu leisten – alles, was er tat, war, die Wurzeln des Unglaubens aus den Herzen der Menschen zu roden und die Verheißungen Gottes hineinzusäen. Die widrigen Winde von Not und Unglück wehten, die Sonne der Freude schien, und die Regengüsse von Kummer und Leid gingen über die Felder der Menschheit hinweg. Am Ende konnte durch die Treue eines liebenden himmlischen Vaters, dem Gott der Gnade, Liebe und Barmherzigkeit, eine Ernte eingefahren werden, die »Gemeinde« hieß. »Alle Dinge« läßt Gott zum Guten zusammenwirken.

Um 5.30 Uhr kamen wir in Saskatoon an. Mit zusammengezogenen Brauen studierte mein Fahrer seine Armbanduhr. »Also, Margaret«, meinte er lächelnd, »die Zeit reicht gerade noch, um das Haus in der Avenue J zu sehen.«

Jenes Viertelstück Seife hatte zu einem wunderbaren Festmahl geführt – und zu einer Gebetserhörung für eine unfruchtbare »Hanna«.

Da war es! Wie klein es wirkte, fast wie eine Autogarage. Doch in Gedanken sah ich ein Heim vor mir, größer als das Leben selbst, mit dem Kohleherd und Mamas Schaukelstuhl in der Küche. In der Ecke sah ich noch das Wasserfaß stehen – und auch die Pferde, die den Wasserwagen zogen (ein Faß kostete 25 Cents). Der Schuppen mit Mamas gestärkten Vorhängen hatte am Ende des Gartenweges gestanden. Mama war davon überzeugt, daß die eine Sünde, die nicht vergeben werden kann, der Schmutz ist – und die Vorhänge waren notwendig!

Ich hörte förmlich noch das Knarren des Schaukelstuhls und fragte mich erstaunt, wie fünf Kinder hier leben und reichlich Platz auf Mamas Schoß finden konnten. Auf diesem Schaukelstuhl hatten wir unsere Theologie gelernt, gewaltige Glaubenslektionen in einem winzig kleinen Häuschen.

Meine Erinnerungskamera klickte unaufhörlich, während meine Augen in Tränen schwammen. Mittlerweile war das Haus in der Avenue J von anderen kleinen Häusern umgeben, doch alles war still – um 5.30 Uhr schliefen die Menschen noch –, und ich hörte nur die Geräusche aus der Vergangenheit.

Mama war immer da; sie backte, schrubbte, rührte in ihrer berühmten Suppe, wusch Wäsche und bügelte sie mit den Eisen, die auf dem Herd heiß gemacht wurden, während der Geruch von Linet-Stärke die Küche erfüllte.

Mamas gestärkte Schürze raschelte. Wenn sie uns auf den Schoß nahm, duftete sie nach Palmolive-Seife und Raleigh's Shampoo. Gottesfurcht und Reinlichkeit gehörten für Mama untrennbar zusammen.

Ich erinnerte mich an die Zeit, als sie keine Seife mehr hatte – eine echte Katastrophe für jeden norwegischen Haushalt. Wir machten uns also auf den Weg zum Haus der kinderlosen Frau Johannesen. »Könnten Sie mir vielleicht etwas Seife abgeben?« bat Mama sie. »Ich muß unbedingt Wäsche waschen.«

»Oh, ja, ich habe noch ein halbes Stück Naptha-Seife, das werde ich in zwei Teile schneiden, Frau Tweten.«

»Haben Sie auch etwas zu essen?« fragte Mama.

»Nein«, erwiderte Frau Johannesen zögernd, »ich habe nur ein paar Suppenknochen.«

»Oh, gut. Nun, ich habe etwas Gemüse«, erklärte Mama ihr. »Wenn Sie mir die Knochen geben, koche ich eine Suppe, und Sie kommen zu uns zum Abendessen. Ich habe Brot gebacken, es ist also genug da.« Wir drehten uns um und kehrten mit den Knochen und dem Stückchen Seife nach Hause zurück.

In der morgendlichen Stille konnte ich wieder das fröhliche Gelächter um den Küchentisch hören, und Mamas Suppe und selbstgebackenes Brot verstärkten noch den Segen eines festen Gottvertrauens.

»Gebt, und es wird euch gegeben werden«, pflegte Papa von seiner Kanzel zu predigen. Jenes Viertelstück Seife hatte zu einem wunderbaren Festmahl geführt – und zu einer Gebetserhörung für eine unfruchtbare »Hanna«. Mama und Frau Johannesen waren am gleichen Abend zum Gebet niedergekniet, und ein Jahr später hielt Frau Johannesen ein gesundes Kind in den Armen.

Meine Erinnerungskamera klickte weiter, während ich alles im Geist noch einmal durchlebte: Zukkerstückchen in Mamas Kaffee tunken, den Weihnachtsbaum mit Papierornamenten schmücken, Schlittschuh- und Rodelbahnen im Hof hinter dem Haus bauen.

Die großen Glaubenslektionen sind auch in unserer sich ständig verändernden Welt unveränderlich.

Während Papa das Land bereiste, brachte Mama uns Glaubenslektionen aus dem alltäglichen Leben bei. In der Ferne sah ich die Plätze, wo wir im Frühling Veilchen gepflückt hatten; die Erinnerung rührte mich zutiefst und trieb mir die Tränen in die Augen.

In diesem kleinen Haus da vor mir waren meine Geschichten geboren worden – »Die hohen Knopfschuhe«, »Die Missionskiste«, »Die Schüssel mit Kirschen«, »Das Bad am Samstagabend« und viele, viele andere wertvolle Glaubenslektionen.

Mein Gastgeber faßte mich am Arm, um mir zu zeigen, daß wir weiterfahren mußten. »Ich hatte ganz vergessen, wie klein das Haus war«, bemerkte ich, während wir wieder zu unserem Auto gingen. »Ich habe mich nur an die großen Lektionen darin erinnert. Mama war größer als das Leben, ein Nagel, der an einem festen Ort eingeschlagen war. Ich werde dieses winzige Häuschen nie vergessen.«

Sein Lächeln schien zu sagen: »So wenig wie ich meine Getreidefelder.«

Das Herz tat mir weh, wenn ich an die vielen Kinder dachte, die in großen Häusern wohnen, in denen die Einsamkeit herrscht. Unsere Kultur hat schon so viele von den Nägeln herausgezogen, die unsere Gesellschaft zusammenhalten. Wir Twetens waren arm gewesen – und doch so unendlich reich.

Mein freundlicher Gastgeber brachte mich sicher zum Flughafen, wohin noch andere liebe neue Freunde zu meinem Abschied gekommen waren.

Wieder hörte ich die Worte: »Bald ist Erntezeit«, und atmete im Geist den Duft der wogenden Kornfelder ein. In meinem Herzen hallte es wider: »Es ist Erntezeit, Margaret! Gott macht sich bereit, die Felder abzuernten, auf denen der Weizen und das Unkraut der Menschheit zusammen aufgewachsen sind.«

Und mein Herz antwortete: »Herr, halt mich treu, um der Menschen willen, die mir vertrauen. Ich will einfach die alte Geschichte von Jesus und Seiner Liebe zu uns Menschen weitererzählen.«

Es war Zeit, heimzukehren zu den warmen Meeresbrisen, die durch das Pampasgras von North Carolina wehen. Die kleinen Häuser mit den großen Lektionen scheinen den großen Häusern mit den kleinen Lektionen Platz gemacht zu haben. Wie gerne würde ich einigen hübschen jungen Müttern die Botschaft weitergeben: Vielleicht ist es notwendig, einmal unser Glaubensfundament zu überprüfen und neu darauf aufzubauen. Die Bewohner der Häuser unserer Tage müssen Christus als Lebensfundament wiederentdekken, damit auch sie singen können:

Wer diesem Felsen fest vertraut,
der hat auf keinen Sand gebaut ...

»Bitte anschnallen«, ertönte die Stimme der Flugbegleiterin. »Wir werden in wenigen Minuten in Wilmington/North Carolina landen.«

Ich freute mich darauf, bald wieder zu Hause zu sein bei Harold und der ganzen Familie. Doch den Wind, der über die Prärie blies, würde ich nie mehr vergessen, und das kleine Häuschen in der Avenue J würde mich immer daran erinnern, daß die großen Glaubenslektionen auch in unserer sich ständig verändernden Welt unveränderlich bleiben. Harold würde mich gewiß verstehen, wenn ich ihm alles erzählte.

3

Die Großvater-Uhr

*».. . diese Uhr soll euch an die guten und die schweren
Zeiten erinnern, Zeiten der Freude und der Trauer,
aber auch an die Tatsache, daß der treue Vater im
Himmel eure Zeit stets in Seiner Hand gehalten hat.«*

Die Uhr war stehengeblieben! Unsere Uhr, die
wir zum goldenen Ehejubiläum erhalten hatten! Der melodische Stundenschlag war ver-
stummt, und ich vermißte das rhythmische Ticktack,
das unser sonst so stilles Haus mit Trost und Leben
erfüllt hatte.

Als der Uhrmacher kam, erzählte ich ihm gleich die
ganze Geschichte. Sie war ein Geschenk von unseren
Kindern – diese prachtvolle Uhr, die jetzt still war.

»Kein Problem«, schien sein Verhalten zu sagen,
während er sich frisch ans Werk machte, »ich be-
komme sie schon wieder zum Ticken!«

Wie oft hatten Harold und ich vor den Uhren im
»Uhrenhaus« der Baumwollbörse in Wilmington gestanden. Doch nie hätten wir zu hoffen gewagt, selber
einmal Besitzer eines solchen alten Prachtstücks zu

sein. Und jetzt war der Experte da. Mit einer gering-
fügigen Einstellung brachte er den Stundenschlag zurück in unser stilles Haus. Und dann war er auch
schon wieder fort, um nach seinen Uhren zu sehen,
aber die Erinnerung an unser Geschenk war ganz
neu in mir wach geworden.

Harold und ich feierten unsere goldene Hochzeit.
Unsere beiden Enkeltöchter, die siebenjährige Kathryn und die zehnjährige Sarah, schienen der Mei-
nung zu sein, die ganze Sache sei einzig und allein
für sie geplant. »Wir möchten lange Kleider haben,
Omi«, bettelte die eine.

»Das raschelt so schön, wenn man den Gang ent-
langgeht«, fügte die andere hinzu.

Der Wunsch wurde ihnen erfüllt. Die langen weißen Spitzenkleider mit Reifröcken und Satinschleifen
raschelten tatsächlich bei jedem Schritt. Die beiden
Mädchen hielten Luftballons in den Händen, auf denen zu lesen stand: »Ich liebe Großpapa, und ich liebe
Großmama«, und führten Harold und mich feierlich
in das Gemeindehaus der Myrtle Grove Presbyterian
Church. Von nah und fern waren Verwandte und
Freunde gekommen, um an unserer Jubelfeier teilzunehmen.

Unsere Tochter Janice und unsere Schwiegertochter
Chris hatten über ihre Pläne strengstes Stillschweigen
bewahrt. Jetzt sahen wir, was sie vorbereitet hatten.
Die Tischdekoration, die Blumen und der Raum-
schmuck waren alle in Zartblau und Pfirsichfarben
gehalten. Am Eingang stand eine Schaufensterpuppe,
die mein Hochzeitskleid trug, dazu ein Paar altmodi-
sche Schuhe und einen Schleier. Harold, groß und
stattlich, beugte sich instinktiv zu der bewegungslo-
sen Braut hinunter und gab ihr einen Kuß.

Neben der Brautpuppe stand ein kleiner Tisch, den uns Tom und Gladys, frühere Freunde, zur Hochzeit geschenkt hatten. Dieser Tisch war über die Jahre immer wieder angestrichen worden, bis er verdächtig an Josephs bunten Rock erinnerte. Aber Ralph, unser Sohn, hatte ihm seine ursprüngliche Walnußholz-Schönheit wiedergegeben, und nun erstrahlte er in neuem Glanz an der Seite der Schaufensterpuppenbraut.

Alte und neue Freunde hatten sich zusammen mit der Hochzeitsgesellschaft von damals und ihren Familien eingefunden. Howard Jensen, Harolds Bruder und ehemaliger Brautführer, stellte die Hochzeitsgäste vor.

Jeanelle, meine jüngste Schwester, war das Blumenmädchen gewesen; sie hatte immer nur eine Blüte zur Zeit fallen lassen. Ganz, ganz langsam war sie den langen Gang hinuntergeschritten, hatte alles um sich herum vergessen und nur Augen für ihre Blumen gehabt, die sie mit großer Sorgfalt auswählte.

Als das Hochzeitsfoto gemacht werden sollte, verblüffte sie den Fotografen mit den Worten: »Ich glaube, ich muß mich übergeben.«

Wir riefen ihr zu: »Zuerst mußt du lächeln!« Und das tat sie dann auch.

Joyce war die zweite Brautjungfer gewesen; sie konnte wie ein Engel singen und mindestens so gut wie irgendein anderer swingen. Papa hörte nur den Gesang. Howard erinnerte sich rückblickend, wie er sich Hals über Kopf in Joyce, die niedliche kleine Blondine, verliebt hatte und nach dem Krieg zurückgekehrt war, um sie zu heiraten.

»Sie ist immer noch eine niedliche Blondine«, fügte er augenzwinkernd hinzu.

Doris, meine Brautjungfer, hatte es geschafft, mit hundert Dollar in der Tasche und einem Traum im Herzen ans Wheaton College zu gehen. Grace, meine Ehrendame, hatte die Fähigkeit besessen, immer zur rechten Zeit das Rechte zu tun. Sie war es gewesen, die über die Jahre die Verbindung zwischen den Familienmitgliedern aufrechterhalten hatte.

Alte Geschichten und Lieder füllten den Abend aus. Wir feierten zusammen und hatten herzliche Gemeinschaft. Gemeinsam sangen wir: »Gott führt Seine Kinder auf dem Weg.«

Dann sang Joyce: »Er gibt vermehrte Gnade, wenn die Lasten größer werden.« Die Jahre schienen zurückzurollen zu ganz besonderen Gnadentagen. Durch alles hindurch hatten wir gelernt, Gott zu vertrauen.

Harold und ich erzählten, daß es in unseren fünfzig Ehejahren durchaus auch schwierige Zeiten gegeben habe. »Doch der Nagel an einem festen Ort war der Bund, den wir mit Gott und miteinander geschlossen hatten. Dieser Nagel hat gehalten!« erklärten wir unseren Gästen.

»Eines Tages werde ich meinen Mädchen
weiße Nachthemden aus neuem Stoff nähen,
auf denen ein blauer Glücksvogel eingestickt ist.«

Unsere Erinnerungsbücher an jenen Abend sind voll von Karten, Fotografien und Grüßen, die wir von Verwandten und Freunden aus der ganzen Welt erhalten haben. Dazu kam noch das besondere Geschenk einer späteren Reise nach Norwegen. Janice und ihr Mann, Jud Carlberg, sowie Ralph und Chris verstanden es glänzend, Vergangenheit und Gegenwart miteinander zu verbinden und sogar mit uns einen Blick in die Zukunft zu werfen – und das alles eingebettet in eine fröhliche Feier mit Verwandten und Freunden.

»Auf den Tischen könnt ihr zwischen den Blumengirlanden die blauen Vögel sehen«, verkündete Janice. »Diese kleinen blauen Vögelchen sollen an meine Großmutter, Bestemör (norwegisch für Großmutter), erinnern, die gesagt hat: ›Eines Tages werde ich meinen Mädchen weiße Nachthemden aus neuem Stoff nähen, auf denen ein blauer Glücksvogel eingestickt ist.‹«

Janice fuhr fort, die Geschichte zu erzählen:

»Aus neuem Stoff, Mama?« fragten die Mädchen.

»Ja, aus neuem Stoff – eines Tages.«

»Wann denn, Mama?«

»Ja, ich weiß nicht, wann – aber irgendwann bestimmt!«

Die Winter waren lang, und der Schnee türmte sich meterhoch. Jahr um Jahr fuhr der kalte Winterwind heulend um das kleine Haus. »Aber wißt ihr, was als nächstes kommt?« fragte Mama. »Der Frühling! Bald wird es wieder Frühling, und dann kommen die blauen Vögel zurück – blaue Glücksvögel.«

Doch es schien, als würden die weißen Nachthemden niemals kommen.

Die Tage und Monate wurden zu Jahren, und endlich kam der Tag. Liebevoll in Schachteln verpackt, lagen die weißen Nachthemden mit dem kleinen eingestickten blauen Vogel unter dem Weihnachtsbaum. Bestemör hatte ihr Versprechen gehalten!

»Denkt daran, Kinder«, hatte Mama lächelnd gesagt, »wenn der Winter kommt, kommt als nächstes der Frühling.«

Während Janice die Geschichte von den Nachthemden erzählte, erinnerte sie mich so sehr an Mama – das fröhliche Trällern in ihrer Stimme, das zuversichtliche Lächeln.

»Auch wenn es Winter für die Seele wird, selbst dann kommt als nächstes der Frühling«, schloß Janice. »Gottes Verheißungen wanken niemals. In solchen Zeiten rufen wir angstvoll: ›Wann, Herr?‹ Und Gott antwortet: ›Du weißt nicht, wann, aber ich weiß es.‹«

• • •

Ja, und dann die Uhr!

Als unsere Tochter uns das Geschenk überreichte, sagte sie: »Mama und Papa, diese Uhr soll euch an die guten und die schweren Zeiten erinnern, Zeiten der Freude und der Trauer, aber auch an die Tatsache, daß der treue Vater im Himmel eure Zeit stets in Seiner Hand gehalten hat.«

Der Mann, der die Uhr repariert hat, ist fort. Sein Wagen ist nicht mehr zu sehen. Er weiß nichts von den Erinnerungen, die er in mir geweckt hat – Erinnerungen an jenen Tag, an dem uns unsere Kinder die kostbare alte Großvater-Uhr geschenkt haben.

4

Nehmt Worte mit euch

»Was ist denn bei uns so anders als bei den Christen,
die aus deiner Kirche kommen?
Bei wem muß sich etwas verändern?«

Die Autorenkonferenz war vorüber. Überall im Vortragssaal hörte man, wie Papiere zusammengelegt und Aktentaschen zugeklickt wurden. Leute sagten sich auf Wiedersehen und verließen raschen Schrittes den Raum.

Doch Chuck Colsons Worte klangen immer noch in meinen Ohren. »Wir sind christliche Autoren«, hatte er gesagt. »Es ist unsere Aufgabe, die geschriebene Botschaft in die Kultur unserer Tage hineinzutragen, eine Kultur, die dem christlichen Glauben, je länger je mehr, feindlich gegenübersteht.«

Irgendwo in meinem Hinterkopf hatte ich Hände gesehen, die sich voller Verlangen nach der Botschaft ausstreckten: »So sehr hat Gott die Welt geliebt ...«

Doch Chuck Colsons Worte holten mich schlagartig in die Wirklichkeit zurück. Statt der ausgestreckten

Hände sah ich nun ein gleichgültiges Achselzucken und hörte ein spöttisches:»Na und?«

In Gedanken sah ich mich selbst, wie ich zur Verteidigung ausrief:»Was heißt ›na und‹? Wißt ihr denn nicht, daß dieser Jesus, der Sohn Gottes, euer Leben verändern kann?«

Das Kreuz aus dunklem, nacktem Holz sprach zu mir von der Liebe Gottes, die sich zu den Millionen, die vorübergehen, ausstreckt. Und zu mir.

Mit tiefer Traurigkeit meinte ich ihre Antwort zu vernehmen:»Was ist denn bei uns so anders als bei den Christen, die aus deiner Kirche kommen? Bei wem muß sich etwas verändern?«

Ich verließ den Vortragssaal und schloß mich den anderen Konferenzteilnehmern an. Ich gab meinen Zimmerschlüssel ab und nahm meinen Koffer, um nach Wilmington zurückzukehren.

Meine Gedanken erhoben sich zugleich mit der Maschine. Erinnerungsfetzen an das, was ich gehört hatte, schienen sich auf ausgelassene Weise zusammenzuballen, ähnlich wie die sich hoch auftürmenden Wolkenbänke vor meinem Fenster.»Nehmt Worte mit euch und lenkt die Herzen der Menschen zu Gott hin«, klang es in meinem Herzen wider.

Jenseits der verschwommenen Bilder von Gesichtern und Worten trat etwas anderes in mein Blickfeld: der Gang durch das Billy-Graham-Museum im Wheaton-College. Ich rief mir die naturgetreu nachgebildeten Gestalten der Gottesmänner ins Gedächtnis, die ganze Nationen für Gott verändert hatten.

Es gab lebendige Wiedergaben von Billy Grahams Evangeliumspredigten, die bis in den letzten Winkel der Erde gedrungen waren. Briefe hingen in dem Museum – Worte, die die Hoffnungen und Befürchtungen vieler Jahre ausdrückten, Post aus aller Herren Länder. Es waren wunderbare Worte des Lebens – Worte wie glänzende Nägel an einem festen Ort.

Im Geist ging ich allein durch die dunkle Nacht zum Kreuz – »*diesem alt-rauhen Kreuz, von der Welt so verhöhnt*« –, dem Kreuz, das die Trümmer der Zeiten überragt. Ich neigte mich vor ihm mit demütigem, dankbarem Herzen. Ich wollte gar nicht wieder fort, so real stand mir das Bild vor Augen. Alles war still, und das Kreuz aus dunklem, nacktem Holz sprach zu mir von der Liebe Gottes, die sich zu den Millionen, die vorübergehen, ausstreckt. Und zu mir.

In Gedanken schritten meine Füße langsam zurück in die Weite des blauen Himmels und der weißen Wolkentürme, die wie der Anbruch einer neuen Erde waren. Die immer wiederkehrende Melodie von Hallelujas in meinem Herzen ließ die wunderbare Auferstehungsbotschaft erschallen:

Das Kreuz ist leer!
Das Grab ist leer!
Er lebt!
Und Er kommt wieder!

Die großen Evangelisten aus Vergangenheit und Gegenwart stehen da wie Riesen und weisen unaufhörlich auf das Kreuz hin. Doch an dieser heiligen Stätte scheinen sie alle in Demut und Anbetung auf die Knie zu sinken. Die Botschaft, die sie verkünden, ist das ewige Evangelium.

»Nehmt Worte mit euch«, hörte ich im Geist noch einmal. Worte wie Nägel an einem festen Ort, Männer wie riesige Nägel an einem festen Ort. Das Kreuz – Gottes Nagel an einem festen Ort.

Ich schlug mein Tagebuch auf und las: »Der Schatten des Kreuzes fiel über die ganze Welt. Tiefe Nacht verschluckte den Himmel. Große Felsbrocken polterten von den Bergen. Gräber öffneten sich. Der Vorhang des Tempels zerriß« (Oswald Chambers: *Mein Äußerstes für Sein Höchstes*).

Als Gottes Sohn starb, spürte jeder Winkel der Erde die Qual, angefangen von den Bergen bis hin zum Vorhang im Tempel. Was verschlossen gewesen war, lag nun offen da.

Mittlerweile wogte mein Herz mit den sich majestätisch vor meinem Flugzeugfenster auftürmenden Wolken um die Wette. Das weite Himmelsgewölbe rief mir zu: »Er lebt!«

Ich schaute mich nach meinen Mitreisenden um – einige schliefen, andere nippten an ihrem Weinglas oder lasen die Zeitung. Während ich der erhabenen Musik der Ewigkeit in meiner Seele lauschte, schlummerte die Welt um mich herum. Ich dagegen saß sicher und geborgen im Schatten des Kreuzes. »Jesus«, flüsterte ich, »es tut mir so leid, daß die Welt nicht zuhören will, aber ich möchte dir von ganzem Herzen Dank sagen.«

5

Eiserne Stützen

Fange dort an, wo du bist –
du bist Gottes Nagel an einem festen Ort.

Während einer unlängst in den Bergen abge-
haltenen Frauentagung stand ich vor meinen Zuhörerinnen und erzählte ihnen eine
Geschichte, die ich vor etlichen Jahren gehört hatte.
Steile Klippen ragten hoch über einer schroffen Fel-
senküste empor. Die Strömung trieb die vorbeifahren-
den Fischerboote in die gefährliche Bucht hinein, so
daß sie an den Klippen zerschellten.

Eines Tages kam ein junger Fischer der gefährli-
chen Bucht zu nahe, und sein Boot zerbarst an den
Felsen. Der Fischer, ein geübter Schwimmer, bemerkte
in einiger Entfernung hoch über der felsigen Küste
einen sicheren Felsvorsprung. Bis dahin würde er es
schaffen! Er schwamm mit aller Kraft und erreichte
tatsächlich die Klippe. Doch leider hatten Zeit und
Gezeiten diese so glatt wie Glas gewaschen. Es gab
nichts, woran man sich festhalten konnte. Der Mann

wurde zurück ins Meer gespült. Der sichere Felsen war für ihn unerreichbar geworden.

Ein alter Pastor hörte, was mit dem Fischer passiert war. Entschlossen, anderen in ähnlicher Lage das Leben zu retten, meißelte er Stufen in die rutschige Klippe. Dann starb der alte Mann, und wieder wuschen Zeit und Gezeiten die Klippe glatt wie Glas.

Ein junger Pastor, der die Geschichte hörte, machte sich ebenfalls Sorgen um das Leben der Fischer. Er beschloß, eiserne Stützen in die Klippe zu treiben und ein Seil daran zu befestigen, das von einer Stütze zur anderen lief und an ihr verknotet wurde. Dieses Seil sollte es etwaigen Schiffbrüchigen ermöglichen, den sicheren Felsvorsprung zu erreichen. – So weit die Geschichte.

Ich ließ meinen Blick über die gutaussehenden Frauen vor mir gleiten und wußte, daß jede von ihnen in Kürze wieder zu ihren persönlichen »rutschigen Klippen« zurückkehren würde. Sie brauchten etwas, woran sie sich festhalten konnten. Ich sagte: »Gern würde ich heute ein paar eiserne Stützen in diese rutschige Klippe treiben, die sich ›Leben‹ nennt.

Die ewigen Wahrheiten verändern sich nie. Sie sind die eisernen Stützen, an denen wir uns festhalten können, während Gott uns als Nägel an einen festen Ort einschlägt. Vielleicht bist du der einzige Nagel in deiner Familie, deinem Betrieb oder deiner Nachbarschaft – nur ein einsamer Nagel, aber Gott wird eine Möglichkeit für dich schaffen, daß du *fest bleibst*.

Im Propheten Jeremia lesen wir davon, wie der allmächtige Gott Sein rebellisches Volk förmlich anfleht: ›Wie könnt ihr den einen wahren Gott, der euch durchs Rote Meer geführt, euch Manna zu essen und Wasser zu trinken gegeben hat – wie könnt ihr diesen

lebendigen Gott gegen Götter aus Silber und Gold ein-
tauschen?‹«

Ich erklärte den Frauen, daß unsere Gesellschaft
uns niedrigere Götter als den einen wahren Gott offe-
riert. Doch die ewigen Wahrheiten verändern sich nie.
Wir kommen uns vielleicht manchmal lose oder ro-
stig oder sogar krumm vor. Aber wir können festsit-
zen, wenn wir uns an diese *erste* starke, eiserne Stütze
klammern: *Am Anfang steht Gott; und in alle Ewigkeit
bleibt es Gott.*

Ein kommunistischer Philosoph hat einmal gesagt,
Amerikas Glaube an einen persönlichen Gott sei es
gewesen, der dem Volk seine Triebkraft verliehen
habe. Die Welt sucht verzweifelt nach einem säkularen Gegenstück, aber es gibt keines!

Wir müssen unseren Kindern Gründe liefern,
warum wir glauben, denn der Zweifel weht wie eine
sanfte Brise über die Köpfe unserer Jugend. Wir müssen wissen, was wir glauben, um ein solcher Nagel an
einem festen Ort sein zu können. Ich sagte den
Frauen:»Wenn wir wissen, daß Gott am Anfang und
am Ende steht, wissen wir auch, daß Er einen Plan für
das Zwischendrin hat. Jesus ist der Weg!«

---

*Gottes Wort ist voll von Verheißungen, doch dann beginnt
der Kampf, wirklich an diese Verheißungen zu glauben.*

Niemand kann den Gott, der Anfang und Ende ist,
kennenlernen, als nur durch einen kindlichen Glauben an den Sohn Gottes, Jesus Christus. Die größte
Kraft in unserem Leben ist die Versöhnung mit Gott
durch Jesus: durch Sein Erlösungswerk am Kreuz,
Sein reinigendes Blut, Seine Vergebung und Seine

Kraft. Unser Glaube an das Versöhnungswerk Christi wirkt sich auf jeden Aspekt unseres Lebens aus.

Oswald Chambers sagt: »Der Heilige Geist ist Gott selbst in Seiner wirkenden Kraft, der das Sühnopfer Christi für uns zur Erfahrung macht und das Wesen Jesu in uns bewirkt.«

Seliges Wissen, Jesus ist mein!

Die *zweite* eiserne Stütze ist *das Wort Gottes, die Bibel.*

In Ewigkeit, Herr, steht dein Wort fest in den Himmeln (Psalm 119,89).

Übersetzungen kommen und gehen, doch die Wahrheit des lebendigen Gotteswortes bleibt. Lehrmeinungen mögen sich verändern, doch die große Wahrheit – Jesus Christus, der Sohn des lebendigen Gottes – verändert sich nie.

So sehr hat Gott die Welt geliebt, daß er seinen eingeborenen Sohn gab, damit jeder, der an ihn glaubt, nicht verlorengehe, sondern ewiges Leben habe (Johannes 3,16).

Dies habe ich euch geschrieben, damit ihr wißt, daß ihr ewiges Leben habt, die ihr an den Namen des Sohnes Gottes glaubt (1. Johannes 5,13).

Denn das Wort Gottes ist lebendig und wirksam ... (Hebräer 4,12).

Die *dritte* eiserne Stütze betrifft die *Verheißungen Gottes.*

Siehe, ich bin bei euch ... (Matthäus 28,20).

Ich werde dich nicht verlassen ... (Hebräer 13,5).

Ich werde euch den Tröster (oder Beistand) senden ... er wird euch in die ganze Wahrheit leiten (Johannes 16,7,13).

Gottes Wort ist voll von Verheißungen, doch dann beginnt der Kampf, wirklich an diese Verheißungen zu glauben. Der Kampf wird in der Verborgenheit des Willens entschieden. Es ist ein Akt des Willens, Gottes Erlösungsplan im Glauben *anzunehmen*, dem Wort Gottes zu *glauben* und Seine Verheißungen zu *empfangen*. Der Test liegt im *Gehorsam* gegenüber der dritten Stütze.

Die Gnade Gottes, verbunden mit unserem Gehorsam, wird uns zu solchen außergewöhnlichen Nägeln an schwierigen Orten machen. Die Erlösungskraft Gottes fährt auf den Geleisen des Gehorsams.

Folgen und trau'n
führt zum Siegen und Schau'n ...

Meistens wissen wir ganz genau, was Gott von uns möchte, aber wir würden oft lieber ein paar Kapitel in der Bibel lesen oder uns zu einem besonderen Dienst bereit erklären, als schlicht und einfach zu gehorchen.

Gott sagt, daß der *Gehorsam* an erster Stelle steht.

Wenn das göttliche Erlösungswerk auf Gehorsam im Herzen eines Menschen trifft, wird etwas *geschaffen*. »Schaffe in mir ein reines Herz, o Gott« (Psalm 51,12) ist die Folge des Gehorsams.

Ich besuche mit Vorliebe Handwerksmessen. Mit Staunen beobachte ich, wie Menschen sich zu den einfacheren Zeiten hingezogen fühlen – dem Country-

Look, dem alten Spinnrad, den Stoffpuppen und Quilts (wattierte, gesteppte Bettdecken). Es scheint fast, als möchten wir, zumindest in der Erinnerung, gerne zu unseren Wurzeln zurückkehren.

Manche Menschen haben Wurzeln, zu denen sie niemals zurückkehren möchten – schmerzliche Erinnerungen und unsägliches Herzeleid. Mehr als einmal hat mir jemand gesagt: »Wo soll ich anfangen? Ich hatte nie eine Familie wie du, Margaret. Niemand hat mich gelehrt, an Gott zu glauben.«

Meine Antwort ist immer die gleiche: »Fange dort an, wo du bist.«

»Aber ich habe keine Wurzeln!« protestiert mein Gegenüber.

»Doch, jetzt hast du sie«, beteuere ich, »denn du bist in Christus verwurzelt und kannst deshalb zu deinen Wurzeln zurückkehren – zu Gottes eigenem Herzen.«

Einmal wird Gott alle Tränen bei denen abwischen, die durch schmerzliche Erinnerungen verletzt worden sind. Doch schon jetzt kann Er ihnen Seine unaussprechliche Liebe, Seinen Frieden und Seine Freude geben.

Wir wollen an diesen eisernen Stützen festhalten. Wir wollen Gottes wunderbares Heil annehmen, Seinem ewigen Wort Glauben schenken und Ihm gehorchen. Die Verheißungen gelten jedem einzelnen von uns.

Fange dort an, wo du bist – du bist Gottes Nagel an einem festen Ort.

Wer diesem Felsen fest vertraut,
der hat auf keinen Sand gebaut.

6

Mein Tag vor Gericht

Eines Tages wird jeder von uns vor dem Richter aller Welt
stehen. Durch Gottes Gnade werden wir dann hören:
»Nicht schuldig!«

Chad, unser erster Enkel, hievte sein Surfbrett ins Auto, und wir rollten langsam aus unserer Einfahrt auf die Straße.

»Danke, Omi«, murmelte er zwischen einzelnen Bissen von irgend etwas Eßbarem, das er auf die Schnelle mitgenommen hatte.

Bedingt durch die Tatsache, daß unsere Verwandten größtenteils auswärts wohnten, pendelten unsere Autos oft zwischen unserem Haus und Wrightsville Beach hin und her.

»Morgens um diese Zeit sind die Wellen genau richtig«, erklärte Chad mir, während er mit vollen Backen kaute.

Wir unterhielten uns über die wunderbare Feier anläßlich unserer goldenen Hochzeit. Nun schmiedete jede Generation ihre eigenen Pläne, was bei den meisten das Meer bedeutete. Ich hielt meine Hände fest auf dem Lenkrad und fuhr gleichmäßig mit 55 Meilen pro Stunde die Wrightsville Avenue hinunter. Dann ging ich auf 45 Meilen herunter. Wir lachten und unterhielten uns angeregt, vorwiegend über das Thema Surfen. Plötzlich tauchte wie aus dem Nichts hinter mir ein blaues Licht auf.

Ich trat auf die Bremse und hielt am Straßenrand an. Ein junger Polizist wollte meinen Führerschein sehen. So früh am Morgen hatte ich allerdings wenig Ähnlichkeit mit meinem Paßfoto – zudem war ich nicht einmal besonders gut getroffen. Der Beamte sah zuerst das Surfbrett an und dann mich, die Augenbrauen kritisch zusammengezogen.

Ich befand mich auf dem »heiligen Boden« von Wrightsville Beach, direkt hinter der Brücke, wo ein Schild steht: 35 Meilen pro Stunde!

»Ich habe doch noch nie einen Strafzettel bekommen«, protestierte ich, »nicht einmal wegen Falschparkens! Können Sie mir nicht einfach eine Verwarnung geben?« Meine Stimme klang flehend.

Der junge Polizist schrieb seelenruhig weiter – die Sache schien ihm echt Spaß zu machen! Vor Enttäuschung und Ärger fing ich an zu weinen, und Chad rutschte noch tiefer hinter das Surfbrett, wo er regungslos verharrte.

Ich wollte dem Beamten klarmachen, daß wir uns unterhalten hätten und ich gar nicht gemerkt hätte, daß wir bereits über die Brücke waren – aber er schrieb einfach weiter.

»Vielleicht ist der Richter Ihnen ja gnädig«, meinte er, während er mir den Strafzettel überreichte.

Als wir schließlich am Strand ankamen, waren die Wellen doch nicht so, wie Chad erwartet hatte, und mir war ohnehin jegliche Freude vergangen. Mit

Schrecken dachte ich daran, was Harold wohl dazu sagen würde!

Er fand die Sache überhaupt nicht lustig. »Wie konnte dir nur so etwas passieren! Das ist eine Stelle, an der man die Touristen schnappt – aber doch nicht jemanden wie dich, der diese Brücke und das 35 MPH-Schild seit Jahren kennt.«

Ich erwiderte nichts. Harold und ich hatten gemeinsam fünfzig Jahre überstanden. Wir würden auch diese Situation überstehen.

»Großmama hat einen Strafzettel wegen zu schnellen Fahrens bekommen«, verkündete Chad, und die Nachricht verbreitete sich wie ein Lauffeuer.

»Das ist einfach nicht fair«, jammerte ich. Und weiter: »Die können einem doch nicht so das Fell über die Ohren ziehen!« Und schließlich: »Ich gehe vor Gericht!«

»Großmama geht vor Gericht!« wiederholten die Enkelkinder. Für sie war es ein Riesenspaß.

»Bekennen Sie sich schuldig?« fragte er.
In der Tat, ich hatte mich noch nie so schuldig gefühlt!

So kam es, daß ich eines Morgens um 9 Uhr die Eingangstreppe zum Gerichtsgebäude emporstieg und zusammen mit anderen Gesetzesübertretern des Verwaltungsbezirks New Hanover den Gerichtssaal betrat. Manche taten es nur sehr zögernd, andere forschen Schrittes. Einige sahen so aus, als befänden sie sich in vertrauter Umgebung. Ein junger Mann nahm neben mir Platz. »Das ist für mich das erste Mal«, gestand er mir.

»Für mich auch.« Wir wurden augenblicklich Freunde – beide total verschüchtert!

Rechtsanwälte, Protokollführer und Polizisten schwärmten wie die Bienen durch den Saal. Schuldgefühle überwältigten mich. Ich war bereit, mich für irgend etwas schuldig zu bekennen.

Die Tür öffnete sich, wir wurden zur Ordnung gerufen und aufgefordert, uns zu erheben, während der »ehrenwerte Richter« seinen Platz einnahm. Der Hammer des Vorsitzenden ertönte, und damit war das Verfahren eröffnet. Verstohlen ließ ich meinen Blick über die etwa 200 Leute um mich her gleiten; sie schienen mir alle so jung. Ich kam mir vor wie eine völlig verängstigte alte Frau, die kurz vor der Hinrichtung steht.

Dann hörte ich meinen Namen rufen: »Margaret Jensen.«

Während ich auf die Richterbank zuschritt, fühlte ich, wie aller Augen auf mich gerichtet waren. Zitternd blieb ich vor dem Richter stehen.

»Bekennen Sie sich schuldig?« fragte er.

»Jawohl, Herr Richter.« In der Tat, ich hatte mich noch nie so schuldig gefühlt!

Der Gerichtsschreiber lächelte und wandte sich an den Richter. »Herr Richter«, sagte er, »sie schreibt Bücher und hat schon mal in unserer Kirche gesprochen.«

O Schreck, stöhnte ich innerlich. *Der Mann kennt mich!*

Der Richter machte ein ernstes Gesicht, aber in seinen Augenwinkeln blitzte es schalkhaft. »Was für eine Erklärung haben Sie, Frau Jensen?«

Fürs Schreiben? überlegte ich. *Oder fürs zu schnelle Fahren?*

Ich erzählte ihm von der Feier anläßlich unserer goldenen Hochzeit und von den vielen Verwandten in der Stadt. Dann murmelte ich etwas vom Surfen und daß ich Chad rechtzeitig zum Strand hatte bringen wollen, um die günstigsten Wellen zu erwischen.

»Fünfzig Jahre mit ein und demselben Mann verheiratet?« fragte jemand.

»Nein, ich habe ihn umgeändert.«

Jetzt lächelte der Richter. »Herzlichen Glückwunsch!«

»Vielen Dank«, brachte ich mühsam heraus.

»Welche Art Bücher schreiben Sie denn?« erkundigte er sich, und seine Augen lächelten immer noch.

»Bücher, aus denen hervorgeht, daß Gutes auch aus schlimmen Situationen erwachsen kann.«

»Vielleicht erwächst ja aus dieser Situation auch noch etwas Gutes«, deutete er an.

»Ich zähle darauf, Herr Richter.«

Danach gab er mit tiefer, professioneller Stimme bekannt: »Vierzig Dollar Strafe. Fall erledigt.« Der Hammer klang schrill. »Nächster Fall.«

Ich bezahlte die Strafe und fuhr nach Hause. Später schrieb ich in mein Tagebuch: *Eines Tages wird jeder von uns vor dem Richter aller Welt stehen. Durch Gottes Gnade werden wir dann hören: »Nicht schuldig!«*

• • •

Am nächsten Tag packte ich meine Koffer, um auf einer Jugendkonferenz in Kanada zu sprechen. Nach Hause zurückgekehrt, erwartete mich eine Einladung von »meinem« Richter, an einer Verhandlung vor dem Jugendgericht teilzunehmen, um etwas von dem Leid einer hoffnungslosen Welt mitzuerleben.

Wenn der Mensch niemandem mehr Rechenschaft schuldig
ist, kann man sich gar nicht vorstellen, wozu er fähig ist.

Ich wurde Zeuge, wie der mitleidsvolle Richter versuchte, Probleme zu lösen, an denen er gar nicht
schuld war. Sozialarbeiter und junge Rechtsanwälte
bemühten sich gemeinsam, die mißhandelten Körper
und Seelen, die an einer zerbrochenen Gesellschaft
gescheitert waren, zu retten.

Ich habe irgendwo gelesen, daß es eine Million Gesetze erfordert, um die Zehn Gebote in Kraft zu setzen. Doch was geschieht, wenn Gottes Maßstäbe, Nägel an einem festen Ort, aus dem Gefüge unserer
Gesellschaft herausgezogen werden? Können verän-
derliche menschliche Gesetze die Auflösung dieses
Gefüges wettmachen? Gottes Maßstäbe sind unveränderlich; menschliche Gesetze werden der jeweiligen
Zeit angepaßt. Doch diese jungen Menschen vor dem
Jugendgericht, von denen sich einige wirklich schlimmer Vergehen schuldig gemacht hatten, kennen vielleicht weder Gott noch die Zehn Gebote.

Während ich sie beobachtete, kam mir der Gedanke, daß, wenn der Mensch niemandem mehr Rechenschaft schuldig ist, man sich gar nicht vorstellen
kann, wozu er fähig ist. Zu Beginn unserer großen Nation bestand zwischen Kirche, Schule und Familie Ei-
nigkeit darüber, den Kindern beizubringen, daß wir
alle einmal Gott gegenüber Rechenschaft ablegen
müssen. Die moralischen und geistlichen Grundsätze
bildeten den starken Zusammenhalt unserer Kultur.
Und die auf dem Mosaischen Gesetz, den Maßstäben
Gottes, basierenden Staatsgesetze haben Amerika zu
einer besonderen Nation gemacht, einem Volk unter

Gott. Daraus resultierten Freiheit und Gerechtigkeit für alle Bürger, selbst für diejenigen, die nicht an Gott glaubten.

Vor vierzig Jahren standen unsere Schulkinder noch vor ihrem Lehrer als einer Autoritätsperson und gestanden beschämt, während des Unterrichts Kaugummi gekaut oder mit Spucke getränkte Papierknäuel geworfen zu haben, zu spät zur Schule gekommen zu sein, den Papierkorb nicht ausgeleert oder die Tafel nicht gründlich genug abgewischt zu haben. Heute, eine Generation später, werden Schulkinder vor Gericht geladen und müssen sich verantworten. Die Anklage lautet auf Diebstahl, Raubüberfall, Vandalismus, Vergewaltigung und Mord. Schwangerschaften bei Teenagern, Abtreibungen, Drogen und Alkohol lassen auf eine Rebellion gegen jede Art von Autorität schließen, die als eigenständige Subkultur in Erscheinung tritt. Ich saß im Gerichtssaal mit dem Bewußtsein, daß, als Gott in unseren Schulen vom Thron gestoßen wurde, die Verantwortlichkeit der Kinder sank, weil sie von der höchsten Macht weg- und zum Gruppenzwang hingelenkt wurde.

Ich konnte und wollte nicht akzeptieren, daß es für diese jungen Leute keinerlei Hoffnung mehr gibt oder sie in unserer Gesellschaft keinen Platz mehr haben sollen. Auch sie sind in den Erlösungsplan Gottes eingeschlossen, da bin ich mir absolut sicher.

Ich habe ein weites Herz für Kinder und junge Leute. Ich selbst bin in einer Familie aufgewachsen, die weder reich noch modern war. Wiederholt wurden wir aus unserer vertrauten Umgebung herausgerissen, weil Papa wieder einmal den Ruf zu einem neuen Dienst verspürte, aber meine Geschwister und ich haben elterliche Liebe kennengelernt. Dabei ging es bei uns nicht ohne strenge Disziplin ab. Schon früh wurden wir auf den »schmalen Weg« der Christusnachfolge hingewiesen, doch jeder von uns traf persönlich die Entscheidung, diesen Weg auch gehen zu wollen.

Viele der jungen Leute vor dem Jugendrichter hatten keine Mama und keinen Papa, die sie liebhatten. Etliche schon. Aber hatten sie je von Jesus gehört? Wußten sie etwas von einer entschiedenen Christusnachfolge? Hatten sie überhaupt schon gehört, daß Gott sie liebt? Zumindest stand ihnen das Recht zu, sich persönlich für oder gegen Gott zu entscheiden. Ich war überzeugt, daß es einen Weg geben muß, um das auseinandergefallene Gefüge unserer Gesellschaft zu reparieren. Und es gibt ihn wirklich!

Am Anfang ... *Gott!*

Zu wissen, daß Er da ist, ist die wichtigste eiserne Stütze in dieser schlüpfrigen Klippe, die sich Leben nennt.

Oft habe ich seit jenem Tag im Jugendgericht darüber nachgedacht, daß es sie im Lauf der Menschheitsgeschichte immer wieder gegeben hat – Männer und Frauen, die an Gott glaubten. Männer wie Augustinus, Calvin, Martin Luther, John Knox und viele andere haben wie die Riesen gestanden, um die Irrtümer ihrer Zeit zu beseitigen. Heute dagegen wird die Wahrheit beseitigt.

Wenn Menschen die Regenwälder Südamerikas abholzen und sich ihre eigenen Gesetze machen, gerät die gesamte Natur aus dem Gleichgewicht. Wenn Menschen die Wahrheit Gottes antasten, gerät die gesamte Gesellschaft aus den Fugen. Doch immer ist jemand da, der für die Wahrheit eintritt.

Chuck Colson schreibt in seinem Buch *Kingdoms in Conflict* (Grand Rapids: Zondervan, 1987), daß während der industriellen Revolution in England die klare, deutliche Stimme von Charles Wesley den Massen zurief:»Jesus ist der Weg, die Wahrheit und das Leben!« Die soziale Veränderung trat ein, als Menschenherzen verändert wurden, und ein Resultat davon war, daß Kinder aus den Besserungsanstalten herauskamen.

Menschliche Gesetze haben zur Sklaverei geführt. Gottes Gesetze entlassen Menschen in die Freiheit. William Wilberforce, ein englischer Politiker, wandte sich Ende des 18. Jahrhunderts mit scharfen Worten gegen die Sklaverei. Lange Zeit wurde seine Stimme von dem Ruf nach Silber und Gold übertönt, doch zehn Jahre später fand das, was gottesfürchtige Männer zu sagen hatten, endlich Gehör. William Wilberforce hatte gesiegt! Gottes Gebot hatte sich als unveränderlich erwiesen. Im Jahr 1807 wurde die Sklaverei gesetzlich abgeschafft.

Ein englischer Lord ereiferte sich gegen die Verfechter der Sklavenbefreiung mit den Worten:»Das wäre ja noch schöner, wenn die Religion sogar in das öffentliche Leben eingreifen dürfte!«

Das haben die Männer und Frauen, die aus ihren Häusern gezerrt und wie die Heringe auf Schiffen zusammengepfercht wurden, um in der Fremde an den Meistbietenden verkauft zu werden, gewiß ganz anders gesehen – aber sie wurden nicht gefragt.

Jenseits des Ozeans im noch jungen Amerika kam ein Holzfäller mit schroffen Gesichtszügen die Straße des Lebens heruntergeschritten; seine große, hagere Gestalt erfüllte das Weiße Haus. Abraham Lincolns Botschaft von der Freiheit erfüllte die Welt.

Gottes Gebot hatte gesiegt.

Irgend jemand mußte für die Menschen sprechen, die nicht für sich selber sprechen konnten.

Und jemand tat es.

General Booth sprach für die Obdachlosen und Armen, und eine Tür der Hoffnung wurde geöffnet: die Heilsarmee. Gottes Liebe griff in das öffentliche Leben ein.

Quer durch die Urwälder und Wüsten Afrikas bahnte sich David Livingstone einen Weg, um die Herzen der Menschen zu erreichen. »Größere Liebe hat niemand als die, daß er sein Leben hingibt für seine Freunde« (Johannes 15,13). David Livingstones liebendes Herz ist in Afrika begraben, sein Leib wurde in der Westminsterabtei in London beigesetzt.

Aus einem »erleuchteten« Zeitalter heraus, das sich nie gekannter wissenschaftlicher und technischer Errungenschaften rühmen konnte, schrie eine hysterische Stimme im 20. Jahrhundert neue Gesetze ins Dasein – Gesetze, die bestimmten, wer die »Herrenrasse« sein sollte und wer in die Gaskammern zu gehen hatte. Ein freundlicher Uhrmacher aus Holland wagte es, diesen Kampfplatz mit seinem tiefen Glauben an das göttliche Gebot zu betreten. Nur Corrie ten Boom, eine seiner Töchter, überlebte die Vernichtungslager. Ihre Botschaft an die Welt und an jeden einzelnen lautete: Kein Abgrund ist so tief, daß Gottes Liebe nicht auch die, die ganz unten sind, erreichen könnte.

Mein Glaube wächst, denn aus all unseren von Menschen erdachten Gesetzen heraus stehen junge Männer und Frauen auf, die es wagen, die weltliche Arena mit ihrem tiefen Glauben an Gott zu betreten.

Irgendwo las ich folgenden Satz, der mich tief beeindruckt hat: »Die Seele muß ihren Grund finden und ihn gegen feindliche Mächte verteidigen, die manchmal in Ideen verkörpert sind, welche sogar ihre eigene Existenz leugnen.« Wie sieht es heute aus? Wird die Seele Amerikas für die Jugendlichen sprechen, deren Köpfe mit von Menschen erdachten Gesetzen, die die Gebote Gottes mit Füßen treten, bombardiert werden? Und wer wird für die noch nicht geborenen Generationen sprechen?

In meinem Herzen höre ich eine Eisentür mit lautem Krach zuschlagen und erinnere mich an das, was ich gesehen habe. Eine freundliche Großmutter sitzt nun hinter Schloß und Riegel. Sie hatte für jemanden gesprochen, dem menschliche Gesetze das Recht auf Leben verweigerten.

Wie klare Gebirgsbäche kommen sie immer noch herabgeflossen: Missionare aller Schattierungen, Handwerker und Lehrer, Ärzte, Bibelübersetzer, Schriftsteller und Prediger. Sie kommen mit Bibel und Stethoskop, Hammer und Säge, Tafel und Kreide. Sie kommen mit Schaufel und Hacke, Papier und Bleistift – wie erquickende Ströme lebendigen Wassers auf ausgedörrtes Land.

Sie bauen Kirchen und Schulen, Krankenhäuser und Wohnhäuser, und das an den entferntesten Orten, im Urwald oder in der Wüste. Einsame Gräber bezeichnen die Stelle, wo etliche von ihnen ihr Leben gelassen haben.

Aus den Slums und Fabriken, den Urwäldern und Wüsten, den Ghettos der Großstädte, den Gefängnissen und Konzentrationslagern kommen sie herbei – solche, die verstanden haben: »Am Anfang ... Gott«, und die Gottes Liebe persönlich erfahren haben.

Mein Glaube wächst, denn aus all unseren von Menschen erdachten Gesetzen heraus stehen junge Männer und Frauen auf, die es wagen, die weltliche Arena mit ihrem tiefen Glauben an Gott zu betreten. Sie gehen in die Gefängnisse, in die Slums, zu den Armen, Einsamen und Obdachlosen nah und fern, die die Orientierung verloren haben.

Aus der ganzen Welt kommen sie, von Osten und Westen, Norden und Süden. Trotz aller kulturellen Unterschiede verkünden sie ein und dieselbe Botschaft: »Am Anfang ... Gott.« Dieser Gott, dem wir dienen, hat einen Plan für die Jugend dieser Welt, und deshalb hat die Liebe den Marktplatz des öffentlichen Lebens betreten.

Eines Tages wird der Hammer des Vorsitzenden ertönen und das Höchste Gericht die Verhandlung beenden. Dann wird der Richter der ganzen Erde verkünden: »Recht so, ihr guten und treuen Knechte!«

Gott erinnert sich, auch wenn die Welt vergißt. Irgend jemand spricht für die, die nicht für sich selbst sprechen können.

• • •

P.S.: Lieber Herr, hilf mir bitte, mich an meinen Tag vor Gericht zu erinnern. Hilf uns allen, die mißtönende Musik unserer Gesellschaft abzustellen und zu beten, daß unsere Ohren deine leise, sanfte Stimme hören, die uns zuruft: »Dies ist der Weg; den geht.«

7

Ehe und Haus im Bau

Chad brachte es auf den Punkt. »Großmamas Haus soll
klein sein? Stimmt überhaupt nicht! Sie hat immer Platz
für uns.« Dasselbe Haus, dieselbe Straße, derselbe Garten
... Liebe hat lediglich die Mauern erweitert.

Es begann im Herbst 1987. Janice, unsere Tochter, hämmerte ein Schild in den Boden vor unserem Haus in Wilmington. Darauf stand in deutlichen schwarzen Buchstaben die klare Information:

> **EHE UND HAUS IM BAU**

Die Veranda und die Wände des Carports waren abgerissen worden. Der Schutt türmte sich in unserem Hinterhof so hoch wie Berge. Die Hintertreppe nach draußen bestand lediglich aus Zementblöcken, die höchst bedenklich auf behelfsmäßigen Steinsockeln herumwackelten. Unser früher so gemütliches Heim sah aus, als wenn eine Bombe eingeschlagen hätte. Das einzig Solide war der Staub!

Was war geschehen? Larry Marbry, ein junger Bauunternehmer, hatte nur einen kurzen Blick auf die Tische in Küche und Eßzimmer geworfen, wo sich Briefe und gelbe Notizblöcke stapelten, und kopfschüttelnd gesagt: »Du brauchst ein Zimmer zum Schreiben!«

Das war gewaltig untertrieben.

Ich pflegte in der Küche zu schreiben. Harold tippte meine Entwürfe im Eßzimmer, das zugleich Teil des Wohnzimmers war. Am Ende eines jeden Tages räumte ich alles von den Tischen ab und stapelte es in Kartons, die wiederum unter den Betten ihren Platz fanden. Ich ließ die Tagesdecke an der Seite, wo die Kartons standen, bis auf den Boden hängen, damit sie keiner sah.

Wenn die Kinder zu Besuch kamen, wurden die Feldbetten aus dem Schuppen geholt und in Reih und Glied im Wohnzimmer aufgestellt, das dann eher einem Schlafsaal in der Jugendherberge ähnelte.

Larry war entschlossen, etwas gegen die Unordnung zu unternehmen. »Ich werde einige Pläne zeichnen, damit ihr mehr Platz bekommt und du einen extra Raum zum Schreiben hast, Margaret. Wenn ihr beide, du und Harold, für das Material sorgt, mache ich die Arbeit. Wir machen immer so weiter, wie wir Geld haben, und versuchen möglichst viele Sonderangebote zu bekommen. Das ist mein Geschenk an Gott und an euch.«

Er grinste. »Ich kann nicht singen wie meine Frau Renée, kann weder Geschichten erzählen noch predigen, aber ich kann bauen! Das, was in unserer Hand ist, dürfen wir Gott zurückgeben.«

Und so geschah es. Die Baupläne wurden gezeichnet, dann nahm Larry den Hammer in die Hand, und die Nägel fanden einen festen Ort. Nur widerwillig hieb Harold unseren ertragreichen Birnbaum um. Wir alle erinnerten uns mit leiser Wehmut an die Zeit, als wir während des Hurrikans Diane zentnerweise Birnen eingemacht hatten. Überall flogen Birnen herum. Damals war die Zeit der Birnen. Jetzt ist die Zeit des Schreibens. Alles hat seine Zeit. Statt der Birnenblüten erblühte vor unseren Augen eine wunderschöne Doppelgarage mit einem Büroraum zum Schreiben an der Rückseite.

Die Garage stand voll mit Maschinen und Geräten, also blieben die Autos draußen. Geräusche von Hammer und Säge mischten sich mit Scherzen und Lachen. Meine Kamera machte alle möglichen lustigen Schnappschüsse, z. B. von Larrys 87 Jahre altem Großvater, wie er oben auf der Leiter stand und den Jungen das Tempo angab. Harold sorgte dafür, daß das Material pünktlich zur Stelle war, während Ralph, Steve und die beiden Jungen, Shawn und Eric, über die neuesten Basketball-Ergebnisse diskutierten und dabei fleißig Nägel einschlugen.

Larry, der Perfektionist, kontrollierte, maß ab und verglich Pläne und fertige Arbeit, bis die erste Bauphase abgeschlossen war. Nun konnte ich mit meinen Kartons und Papieren in das neue Büro umziehen. Ich hatte endlich einen Platz zum Schreiben!

Drinnen im Haus bedeckten Plastikplanen die Fenster- und Türöffnungen. Ein Bagger hatte die Veranda und den alten Carport abgerissen. Aus den Ruinen erstanden ein Eßzimmer, ein Frühstückszimmer mit Erker, ein Gästezimmer und ein Bad. Und nach fünfzig Ehejahren hatte ich sogar erstmals eine Waschküche! Aus den Erkerfenstern würde man einen wunderbaren Blick auf den gepflegten Garten haben. Um mit Mama zu reden: »Glauben geht dem Schauen voraus.«

---

*Dies war zweifellos der Tag, den der Herr
gemacht hatte, da durfte uns niemand
im Weg stehen. Sogar die Verkehrsampeln
sprangen zitternd auf Grün,
wenn wir uns der Kreuzung näherten.*

Neben allem anderen mußte auch der Dachboden ausgeräumt werden. Dabei kamen noch mehr Kartons ans Licht; einige trugen die Aufschrift »Verschiedenes«. Mit Chris' Hilfe fanden sie ihren Weg zur Heilsarmee. Der Weihnachtsschmuck wurde heruntergeholt, denn wir würden ihn in Kürze brauchen. Dafür wanderten die Koffer nach oben; in den nächsten vier Wochen war sowieso nicht ans Reisen zu denken. Wir waren zu beschäftigt mit Bauen.

Es gab Zeiten, wenn Verzögerungen und andere Enttäuschungen den Wunsch in uns weckten, nie mit der Arbeit begonnen zu haben, aber Larry hielt uns immer wieder den Plan vor Augen. »Wir werden die Sache bis zum Ende durchziehen«, versicherte er uns.

Gott hatte ihm einen Plan geschenkt, einen Nagel an einem festen Ort, und unser Wille war der Hammer, der den Plan einhämmerte, d. h. in Erfüllung gehen ließ.

Endlich wurden Säge und Hammer beiseite gelegt. Lastwagenweise wurde der Schutt abgefahren. Der Beton auf der Einfahrt war getrocknet, und die Hintertreppe hatte sich in eine offene Veranda mit breiten Treppenstufen verwandelt.

Im Frühling würden die Blumen hervorsprießen und die braune Wintererde bedecken. So ist es immer, auf den Winter folgt der Frühling – und das betrifft auch den Winter der Seele. Ich schaute aus meinem Erkerfenster und sah im Geist bereits den blühenden Garten vor mir.

Auch mein Traum von einer skandinavischen Küche wurde Wirklichkeit. Rotkarierte Vorhänge verbanden sich harmonisch mit den blauen Gingham-Tapeten. Ein ausgebogter Spitzenbehang aus weißem Organdy, bestickt mit glänzend weißen dampfenden Kaffeekannen und Tassen, erinnerte uns an unsere neuen Freunde, Rut und Björn Langmö, die dieses Geschenk aus Norwegen geschickt hatten.

Janice und Chris hatten uns anläßlich unserer goldenen Hochzeit einen wunderschönen Korb mit zartblauen und pfirsichfarbenen Seidenblumen fertiggemacht. Während der Bauphase mit all ihrem Dreck und Staub hatte ich diesen Schatz, gut in Plastik verpackt, sorgfältig gehütet, bis das Büfett in unserem neuen Eßzimmer fertig war.

Jetzt war es Zeit, Farbe, Teppiche, Tapeten und Vorhänge auszusuchen. Wegen knapper Finanzen und nicht weniger knapper Zeit waren wir darauf angewiesen, Sonderangebote zu finden – und zwar schnell!

Mit einer Entschlossenheit, die dem Lied »Vorwärts, Christi Streiter« alle Ehre gemacht hätte, stürzten die Mädchen und ich uns ins Gefecht – mit der Handtasche über der Schulter und dem Autoschlüssel angriffslustig in der Hand. Dies war zweifellos der Tag, den der Herr gemacht hatte, da durfte uns nie-

mand im Weg stehen. Sogar die Verkehrsampeln
sprangen zitternd auf Grün, wenn wir uns der Kreuzung näherten.

An einem Geschäft erblickten wir ein Schild mit
der Aufschrift: TAPETEN-AUSVERKAUF. Das Zau-
berwort! Und tatsächlich, da war sie – die Tapete, die
in Farbe und Blumenmuster perfekt zu dem Seiden-
blumengesteck passen würde. Innerhalb von fünf Minuten hatte das Sonderangebot seinen Besitzer ge-
wechselt und war im Kofferraum unseres Autos
verschwunden.

Wie drei siegreiche Generäle marschierten wir stolz
und hocherhobenen Hauptes in die Gardinenabtei-
lung des nächsten Kaufhauses. Wir kauften die benötigten Gardinenstangen und Vorhänge – und weiter
ging's zum nächsten Geschäft. Wir durften schließlich
keine Zeit verlieren.

Bei Penney's Warenhaus gab es einen Schlußverkauf in Spitzengardinen. Wieder hatten wir Grund
zum Jubeln: Auch die restlichen benötigten Gardinen
befanden sich bei mir in sicherer Verwahrung. Wir
fuhren nach Hause und hängten sie unverzüglich auf.

»Europäische Spitze?« fragte uns eine Bekannte
später und fuhr mit ihren Fingern behutsam über
den Stoff.

Es erforderte meine gesamte Integrität, um zu antworten: »Nein – Schlußverkauf bei Penney's.«

Seit zehn Jahren hatte ich das wunderschöne blaue
Sofa, das unser Sohn Ralph gemacht hatte, stets mit
Plastik zugedeckt. Nur zu besonderen Gelegenheiten
nahm ich den Plastikbezug ab. Ich werde heute noch
rot, wenn ich an den Tag zurückdenke, an dem ich
einige wichtige Gäste in unser makelloses Wohnzimmer führte. Die Möbel glänzten frisch poliert, aber als

die Besucher auf dem Sofa Platz nahmen, knisterte und knallte es gefährlich unter ihnen. Ich hatte vergessen, das Plastik zusammenzurollen und zu den Kartons unters Bett zu befördern.

Wir brauchten noch ein paar zusätzliche Dinge, um mit dem Umbau fertig zu werden. Während Harold in die eine Richtung fuhr, um Farbe und Pinsel zu kaufen, begaben die Mädchen (Jan und Chris) und ich uns in die entgegengesetzte Richtung zum Stoff-Center. Als Janice hinten im Laden nach Stoffresten suchte, entdeckte sie einen Ballen, der perfekt zur Einrichtung paßte. »Schau mal, Mama«, rief sie, »genau das Richtige, um den alten Sessel zu beziehen und einen passenden Vorhang zu nähen!«

Der Verkäufer lachte. »Der da oben muß Ihnen wohlgesinnt sein«, meinte er. »Dekorateure warten oft Tage und Wochen darauf, die richtigen, zueinander passenden Farben zu finden.«

»Da haben Sie recht«, erwiderte ich mit Überzeugung. »Gott sorgt für uns!«

Harold gab dem Teppichhändler unsere Farbmuster, und innerhalb von 15 Minuten war der Kauf getätigt. Wir hatten ein zartes Beige für den Teppich gewählt, das gut zu den Wänden paßte. Er würde den alten goldfarbenen Teppich ersetzen, der uns jahrelang treu gedient hatte, aber nun verschlissen und verfleckt war. Ich weinte dem guten Stück keine Träne nach, als es vom Sperrmüll abgeholt wurde. Gold war noch nie meine Lieblingsfarbe gewesen.

Der Kampf der Jensens gegen die Unordnung stand kurz vor dem entscheidenden Sieg!

Nun zur Waschküche. Nachdem die Waschmaschine für Jahre in der Küche der Kaffeekanne und dem Telefon Konkurrenz gemacht hatte, hätte ich absolut nichts gegen einen zünftigen Einweihungsgottesdienst einzuwenden gehabt. Man stelle sich bloß vor: Regale für das Waschpulver und eine Wäschestange, um Harolds Hemden aufzuhängen! Jetzt merkte ich erst, was ich entbehrt hatte. Wenn ich die Hemden tropfnaß aufhänge, kann ich mir das Bügeln ersparen, ohne mein norwegisches Gewissen zu belasten. Aber das ist noch nicht alles. In meiner Waschküche fällt keiner mehr über das Bügelbrett (falls ich doch einmal bügele), und das Bügeleisen hat sogar seinen festen Platz.

Larry fand mich, wie ich versonnen ins Leere starrte. »Ist irgend etwas nicht in Ordnung?« fragte er mit gefurchter Stirn.

Wie konnte ich ihm erklären, woran ich gerade gedacht hatte: Wie oft war ich hinausgerannt zur Wäscheleine, um den schwarzen Regenwolken zuvorzukommen, und hatte anschließend die noch feuchte Unterwäsche zum Trocknen über die Innentüren gehängt.

• • •

Es war Zeit für die Weihnachtsvorbereitungen. Harold war mit Anstreichen fertig, und die Möbel standen alle am richtigen Platz. Das Plastik war endgültig von dem blauen Sofa verschwunden, und Ralphs handgeschnitztes Tischchen hatte die dunkle Ecke im Schlafzimmer verlassen und einen Ehrenplatz gefunden.

Der runde Mahagoni-Tisch, Mamas Hochzeitsgeschenk von der jüdischen Dame, bei der sie im Haushalt gearbeitet hatte – dieser Tisch, den ich als Kind immer so sorgfältig poliert hatte –, erhielt einen besonders ins Auge fallenden Platz.

An der Wand darüber hing der selbstgestickte Spruch, den Joyce Solveig uns zur goldenen Hochzeit geschenkt hatte:

»MIT EWIGER LIEBE
HABE ICH EUCH GELIEBT.«

Das Klavier stand dort, wo es immer gestanden hatte, und blieb auch weiterhin der Mittelpunkt unseres Familienlebens.

Jedes Möbelstück, auch wenn es noch so viele Jahre auf dem Buckel hatte, bekam seinen besonderen Ehrenplatz. Nichts war neu, lediglich restauriert. Dann wurde der Karton mit dem Weihnachtsschmuck hervorgeholt und der Weihnachtsbaum aufgestellt. Wir schmückten ihn mit fünfzigjährigen Kugeln und Figuren, von denen jede mit einer besonderen Erinnerung verbunden war. Weihnachtslieder, Christbaum- und sonstige Kerzen trugen zur typischen Festtagsstimmung bei.

Das Weihnachtsessen zelebrierten wir in unserem neuen Eßzimmer. Auf dem Tisch lag eine Decke in strahlendem Königsblau aus Dänemark. Das Weihnachtsservice paßte genau dazu, und der weiße Kandelaber aus Schweden wurde mit roten Kerzen bestückt.

Die Familienbilder an der Wand lächelten mit uns um die Wette, als wir uns am Tisch zusammenfanden, um Gott um Seinen Segen für das Haus zu bitten und Ihm für das Geschenk Seiner Liebe zu danken.

Die Melodie von »Stille Nacht, heilige Nacht« erfüllte nicht nur den Raum, sondern auch unsere Herzen. Es war ein langes, hartes Jahr mit sehr viel Arbeit gewesen, aber heute war der Tag des fröhlichen Feierns.

Ordnung ist ein Nagel an einem festen Ort,
der die Seele der Unordnung enthebt,
sie zur Ruhe bringt und frei aufatmen läßt.

»Die Schönheit eines Lebens ist Gottesfurcht, und die Schönheit eines Hauses ist Ordnung.« Diesen Spruch habe ich irgendwo gehört und tief in meinem Herzen verborgen. Nach fünfzig Jahren des Wartens habe ich nun endlich den Raum und die Ordnung, nach denen ich mich immer gesehnt habe. Ich habe einen festen Platz zum Schreiben. Ruhe und Frieden erfüllen das Haus, und mir ist bewußt, daß jede gute und vollkommene Gabe von oben herabkommt. Gott will unsere Hände dazu benutzen, diese Gaben auch an andere weiterzugeben.

Ordnung ist ein Nagel an einem festen Ort, der die Seele der Unordnung enthebt, sie zur Ruhe bringt und frei aufatmen läßt, daß sie sich ausstreckt bis zu dem Punkt, wo Meer und Himmel sich berühren.

Chad brachte es auf den Punkt. »Großmamas Haus soll klein sein? Stimmt überhaupt nicht! Sie hat immer Platz für uns.«

Wie recht du hast, Chad. Es ist dasselbe Haus, dieselbe Straße, derselbe Garten mit dem Rasen und den Blumen. Liebe hat lediglich die Mauern erweitert.

• • •

P.S.: Lieber Herr, so wie wir das Gerümpel vom Dachboden weggeschafft haben, hilf uns bitte, das Gerümpel aus unseren Gedanken zu entfernen und unsere Häuser und Familien in Ordnung zu bringen.

Haus und Ehe befinden sich immer noch im Bau.

8

Die Kartons

Ich schaute auf den Brief in meiner Hand und las noch-
mals die Worte: »*Unsere Freundschaft ist immer da,*
bereit, Anteil zu nehmen, wenn es nötig ist.«

Mein neues Büro war wunderschön. Zarte pfirsichfarbene und meergrüne Pastelltöne verbanden sich mit dem sandfarbenen Teppich und den Tapeten zu einem harmonischen Ganzen. An der Wand verbargen sich hinter Lamellentüren Regale und Fächer, die Ralph zur unsichtbaren Aufbewahrung von Ordnern und Kartons gebaut hatte. Ich hatte vor, die Kartons irgendwann später durchzusehen.

In den ersten Tagen nach dem Umbau lief ich immer wieder von einem Zimmer ins andere. Vom Büro in die Waschküche, vom Eßzimmer in die Küche. Alles schien so neu, so vollkommen zu sein. Alles paßte so wunderbar zusammen.

»Jan, du wirst es nicht glauben«, sprudelte ich bei einem Telefongespräch mit meiner Tochter hervor. »Ich habe ein Stück Tapete mit ins Geschäft genom-

men und das passende Toilettenpapier dazu ausge-
sucht, pfirsichfarben und grün ...«
»Oh, Mutter«, stöhnte Janice.
»Ehrlich, Jan, es wird dir gefallen – und meiner
Freundin Muriel nicht weniger. Das Toilettenpapier
paßt genau zur Wäsche und zur Tapete.
»Zum Waschbecken auch?« wollte sie wissen.
»Das ist noch längst nicht alles. Wir haben eine
Couch gefunden, die sich zum Doppelbett ausziehen
läßt, und ich habe die dazu passenden Bett- und Kis-
senbezüge genäht. Ich hoffe, du bist begeistert.«
»Das bin ich, Mutter, Ehrenwort!«
»Du und Jud dürft als erste die Hochzeits-Suite be-
nutzen, und du kannst das pfirsichfarbene Badezimmer einweihen. Nach all den verschiedenfarbigen
Handtüchern, die wir hatten, freue ich mich, dir mitteilen zu können, daß es in meinem neuen Badezimmer kein einziges altes Handtuch mehr gibt!«
Jans Lachen am anderen Ende der Leitung klang
trotz der Entfernung sehr nah. Es war ein liebes Lachen.

• • •

Allzuschnell vergingen die Weihnachtstage, und der
Kalender ließ uns unbarmherzig auf ein neues Jahr
zusteuern – ob wir das wollten oder nicht. Das ist
nun einmal die Tyrannei der Zeit.
Und so geschah es, daß mein schönes Büro sich mit
Kartons und Aktenordnern füllte. Ich muß bestimmt
lächerlich ausgesehen haben, wie ich da mitten im
Zimmer stand, umgeben von Kartons, die Hände in
die Hüften gestemmt, mit meinem ausgebeulten roten
Jogging-Anzug mit der großen, hübschen gestickten
Gans vorne auf dem Oberteil.

»Gehst du joggen?« fragte plötzlich eine Stimme hinter mir.

Ich wirbelte herum. Harold stand im Türrahmen, die Stirn leicht gerunzelt. »Du weißt doch, daß ich nicht jogge, Schatz«, erwiderte ich.

»Was um alles in der Welt tust du dann, Margaret?« fragte er. Sein Blick flog von Karton zu Karton und heftete sich dann wieder auf mich. Instinktiv merkte ich, daß er weder mit meinem Jogging-Anzug noch mit der ganzen Unordnung einverstanden war.

Ich strich schützend über das alberne Gänsebild auf dem Oberteil. »Harold, Liebster, ich sichte Kartons.«

Er schüttelte den Kopf, als wollte er sagen:
»Immer noch diese vielen Überraschungen –
und das nach fünfzig Jahren Ehe.«

»Sind das nicht die gleichen Kartons, die wir unter den Betten stehen hatten?«

Ich nickte und mußte schlucken. Ich wußte genau, was jetzt kam. Er hatte diesen feierlich-ernsten Blick aufgesetzt, der an einen Pastor erinnerte und zu sagen schien: »Mach kein dummes Zeug!« »Margaret«, fragte er, »weißt du nicht mehr, daß all diese Kartons mit der Aufschrift ›Verschiedenes‹ weggeworfen werden sollten?«

»Doch, das weiß ich. Ich leere sie gerade.«

»Warum hast du dann einen anderen leeren Karton für den Inhalt hier stehen?«

»Ich schaue nur die Briefe durch.«

»Und du liest sie nochmals?«

»Hm ... ja. Weißt du, es stehen so viele Gebetsanliegen darin, und ich versuche krampfhaft, mich zu erinnern, ob ich wirklich für jedes gebetet habe. Und ich weiß zufällig auch, daß sich einige wunderbare Gebetserhörungen darunter befinden, bin mir aber nicht mehr sicher, ob ich dem Herrn schon bewußt dafür gedankt habe oder nicht.«

»Margaret, du solltest schreiben. Ich glaube nicht, daß es deinem Verleger recht wäre, wenn er dich hier zwischen dem ganzen Gerümpel stehen sähe, anstatt an deinem Schreibtisch zu sitzen. Wohlgemerkt, *schreiben* solltest du, nicht alte Briefe lesen.«

»Er sieht mich ja gar nicht«, murmelte ich lahm.

»Vielleicht sollte ich ihn informieren.«

»Wenn das so ist, schreibe ich es in ein Buch; dann liest er es früher oder später.«

Harold schüttelte den Kopf und seufzte: »Vergiß bitte nicht, die Kartons richtig zu beschriften.« Jetzt lächelte er. »Weißt du noch, wie du unsere Sommersachen in einen Karton getan hast, auf dem ›Weihnachtsschmuck‹ stand? Wir mußten uns neue Shorts und Badesachen kaufen.«

Und ob ich mich erinnerte!

Er drehte sich um und wollte gehen. »Übrigens – was wirst du auf die neuen Kartons schreiben?«

»Gebetserhörungen«, erwiderte ich. »Und wenn die Gebete bis jetzt nicht erhört worden sind, dann kommt das noch. ›Glauben geht dem Schauen voraus‹, hat Mama immer gesagt.«

Er schüttelte den Kopf, als wollte er sagen: *Immer noch diese vielen Überraschungen – und das nach fünfzig Jahren Ehe.* Laut sagte er: »Du hast gewonnen! Ich komme um 1 Uhr wieder, dann gehen wir zu Swensons essen. Es sieht nämlich nicht so aus, als ob unsereins heute zu Hause viel zu essen bekommen würde. Außerdem kocht uns die Bedienung dort immer einen guten, frischen Kaffee.«

»Bevor du gehst, Harold – du brauchst Janice nicht unbedingt etwas von diesen Kartons zu erzählen. Ich habe ihr nämlich versprochen, daß es in meinem neuen Büro keine mehr geben wird – nur richtig volle.« Als ich seine hochgezogenen Augenbrauen sah, fügte ich nach kurzem Zögern rasch hinzu: »Zumindest stehen sie nicht unter den Betten!«

Mit einem verhaltenen Lachen trat er den Rückzug an – Harold, er war fest gegründet, er gab festen Halt. Er kannte mich!

Die Bürotür schloß sich hinter meinem Mann, und seine Schritte entfernten sich. Während ich nun Brief um Brief zur Hand nahm und las, kam die Erinnerung auf leisen Sohlen geschlichen und erfüllte meine Gedanken. Schließlich griff ich nach einem Brief von meiner Freundin Muriel Sandbo und las ihn von vorn bis hinten durch. Der letzte Satz berührte mich besonders tief: *Unsere Freundschaft ist immer da, bereit, Anteil zu nehmen, wenn es nötig ist. In Liebe, Muriel.*

Ich hielt den Brief in der Hand und erinnerte mich lebhaft an den Tag, an dem wir uns zum letztenmal gesehen hatten, als wir unverhofft dasselbe Flugzeug in Charlotte bestiegen.

Es war im April 1988, und der Wecker hatte bereits um 4.30 Uhr morgens geklingelt. Ein neuer Tag! Meine Koffer waren gepackt, denn ich wollte rechtzeitig am Flughafen sein, um den ersten Flug nach Charlotte in North Carolina zu bekommen. Von dort würde es nach Sault Ste. Marie weitergehen. Ein langer Tag lag vor mir.

Nach einem zweistündigen Aufenthalt in Charlotte reihte ich mich in die Schlange der Passagiere ein, die sich auf den Abflugsteig zubewegten. Plötzlich hörte ich Muriel Sandbos vertraute Stimme rufen: »Margaret! Margaret Jensen!«

Unsere Reisen hatten uns von Ost nach West, von Nord nach Süd geführt, aber unsere Herzen hatten sie nicht trennen können. Heute lag ein Stück des gleichen Weges vor uns: nach Detroit, wo Muriel sprechen sollte, während ich weiter nach Norden flog.

An Bord tauschte der Fluggast neben mir freundlicherweise seinen Platz mit Muriel, so daß wir miteinander reden konnten – was wir dann auch zwei Stunden lang ohne Unterbrechung taten. Freudiges und Trauriges, Lachen und Weinen wechselten einander ab, während wir uns unterhielten und über das sprachen, was uns am meisten am Herzen lag: ein Leben im Gehorsam Gott gegenüber.

»Erinnerst du dich ...?«

Wir erinnerten uns.

»Kannst du dir vorstellen ...?«

Wir konnten es uns vorstellen.

»Du ahnst ja nicht, was ich durchgemacht habe!«

Wir erzählten, und wir beteten. Bei alledem waren wir uns bewußt, daß Gott treu ist. Sein Wort ist und bleibt wahr!

Vor uns stand eine hübsche Dame, bei der von Kopf bis Fuß alles zueinander paßte, angefangen von ihrem weichen blonden Haar bis zu den farblich abgestimmten Schuhen. Dagegen kam ich mir direkt schäbig und trostlos vor mit meinem tristen grauen Einkaufsrock und der ausdruckslosen Bluse.

Es war Zeit auszusteigen. Wir gingen zusammen in das Flughafengebäude. Dort trennten sich unsere Wege, nicht aber unsere Herzen. Freundschaft – der Nagel an einem festen Ort!

Nur mit halbem Ohr vernahm ich das Dröhnen der Maschine, die mich nach Norden brachte, während ich mich daran zurückerinnerte, wie wir beide uns das erste Mal begegnet waren. Das war im Jahr 1984, als Muriel auf einer Frauentagung sprach. Mein Buch *Erst mal 'ne Tasse Kaffee!* war soeben erschienen. Meine Schwesterntracht und die gestärkte Haube hatte ich endgültig zusammengelegt und im Schrank verstaut. Mein letzter Patient war vor kurzem gestorben.

Doch als Krankenschwester in der Privatpflege war gerade dieser letzte Fall für mich der allerschwierigste gewesen. Eines Tages schrie ich zu Gott: »Herr, hilf mir, ich halte das keinen Tag länger aus!«

Wie ein warmer Sommerwind hatte eine sanfte Stimme meinem matten Geist zugeflüstert: »So groß wie der Schmerz wird die Freude sein. Dies ist dein letzter Patient.« Tiefer Frieden erfüllte mich, und ich fühlte mich in den Mantel der Liebe Gottes eingehüllt. Im Grund meiner Seele verspürte ich die Gewißheit, daß Gott mich mit Namen kannte und ich in Seiner Hand völlig geborgen war.

Der Patient starb im Dezember 1983. Wochen des Wartens auf Gottes Führung folgten. In dieser Zeit beschäftigten mich die Verse, in denen wir zum »Warten« oder »Harren« aufgefordert werden, ganz besonders. »Harre auf den Herrn ...«; »Steht still und seht ...«; »Die auf den Herrn harren, gewinnen neue Kraft ...«; »Fürchte dich nicht, denn ich bin mit dir.« Sie kamen immer wieder und forderten mich auf zu warten.

Meine liebe Schwiegertochter Chris behauptete: »Für dich, Mutter Jensen, bedeutet ›Warten‹, daß du nach einer langen, anstrengenden Pflege ein kurzes Nickerchen machst und dich ausruhst. Vergiß nur nicht, Mama, daß Muriel Sandbo auf der Frauentagung in unserer Gemeinde spricht.«

Das hatte ich tatsächlich vergessen! Ich war viel zu sehr mit meinen scheinbar nicht erhörten Gebeten beschäftigt gewesen und hatte ganz vergessen, daß das Schweigen Gottes manchmal Seine Antwort ist.

»Beeil dich, Mama! Dann schaffst du es noch zur zweiten Veranstaltung!« Gesagt, getan.

Vor uns stand eine hübsche Dame, bei der von Kopf bis Fuß alles zueinander paßte, angefangen von ihrem weichen blonden Haar bis zu den farblich abgestimmten Schuhen. Dagegen kam ich mir direkt schäbig und trostlos vor mit meinem tristen grauen Einkaufsrock und der ausdruckslosen Bluse. Meine trübe graue Stimmung wetteiferte mit meinen grauen Haaren. Aber das, was Muriel sagte, fesselte meine Aufmerksamkeit, und ich hörte gespannt zu.

Nach der Versammlung lernten wir uns persönlich kennen. Ich war ganz plötzlich in die Wärme verstehender Liebe eingehüllt, und unsere Herzen verbanden sich. Wir weinten beide. Sie kannte mich, obwohl wir uns noch nie begegnet waren. Sie hatte gerade mein Buch *Erst mal 'ne Tasse Kaffee!* gelesen.

»Sieh zu, daß du jetzt ein wenig Ruhe bekommst«, schärfte sie mir ein. »Der Tag kommt, an dem du nicht mehr weißt, was das Wort bedeutet.«

Während der nächsten vier Jahre blieben wir durch Briefe, Telefongespräche und seltene Besuche in Kontakt. Doch heute, an diesem schönen Vormittag im April 1988, hatte Gottes Liebe uns erneut zusammengeführt, um uns an längst vergangene Zeiten zu erinnern.

Endlose Meilen haben wir beide seit jenem Tag zurückgelegt. Oft war der Weg rauh und steil, aber wir mußten unsere Versprechungen einhalten. Gott hält die Seinen immer. Ich schaute auf den Brief in meiner Hand und las nochmals die Worte: »Unsere Freundschaft ist immer da, bereit, Anteil zu nehmen, wenn es nötig ist. In Liebe, Muriel.«

Ich griff nach dem neu angelegten Ordner mit der Aufschrift *Gebetserhörungen* und heftete Muriels Brief unter *S* wie Sandbo ab.

• • •

P.S.: Herr Jesus, du treuer Freund, ich danke dir für alle Gebetserhörungen. Ich übergebe dir diesen Karton. Morgen werde ich den nächsten leeren. Und ich werde sie alle zu dir bringen. Welch ein Freund ist unser Jesus – alle unsere Sünden, Schmerzen und auch Kartons nimmt Er uns ab. Danke, Herr Jesus!

9

Die verschwundenen Briefe

*Wenn auch Jahre und Meilen uns von unseren Freunden
trennen, bleibt das Herz doch davon unberührt.
Gott hat diese Nägel an einem festen Ort eingeschlagen,
damit das Gefüge unserer Beziehungen intakt bleibt.*

Die Abendschatten waren länger geworden.
Sie stahlen sich durch die Wälder, bis nächtliche Dunkelheit sich draußen vor meinem
Bürofenster breitmachte. Unmerklich war der Tag vergangen, und ich war immer noch in meinem Büro und
sichtete Kartons. Alte, scheinbar verschwundene
Briefe, mit Gummibändern zusammengehalten,
tauchten plötzlich wie aus dem Nichts auf und ließen
sich nur mit Mühe auseinanderfalten.

Inzwischen waren die Sterne am Himmel erschienen, und ich freute mich immer noch von Herzen
über fast vergessene Erinnerungen. Ich weiß nicht,
warum ich damals Kopien von meinen Briefen an
meine Freundin Irene Steinhart gemacht habe. Sie hat
die meisten der während unserer 45jährigen Freundschaft geschriebenen aufbewahrt. »Eines Tages werde

ich sie veröffentlichen«, drohte sie mir einmal scherz-
haft.

»Ich denke, es war gut, daß wir beide über die komischen Dinge des alltäglichen Lebens lachen konnten«, sagte ich zu ihr. »Das hat uns auf jeden Fall da-
vor bewahrt, in den Winterzeiten der Seele ständig zu
weinen.«

Meine Freundin »Steiny« ist heute nicht mehr in
der Lage, weite Reisen zu machen, aber sie näht Kleider für Hunderte von Puppen zu Weihnachten und
schickt Harold regelmäßig Päckchen mit Fudge (wei-
che Karamelbonbons). Und als unser Sohn Dan vor 45
Jahren lebensgefährlich erkrankt war, wusch Steiny
für uns die Wäsche und schickte Porter, ihren Mann,
mit Apfelkuchen und Gebäck zu uns.

Damals, als jungverheiratete Frauen, gingen wir oft
gemeinsam mit unseren Kinderwagen spazieren und
beratschlagten, ob wir wohl ein Fünfcentstück für
eine Prince-Castle-Eistüte erübrigen konnten. Gewöhnlich konnten wir!

Anstatt Golf zu spielen, waren unsere Männer damit beschäftigt, Felder zu pflügen und Gärten anzu-
legen. Später füllten Steiny und ich dann gemeinsam
unsere Vorratsregale mit eingemachten Pfirsichen, Tomaten und Bohnen.

Samstags packten wir unser Mittagessen und unsere Kinder mitsamt ihren Laufställchen ein und zogen in den Wald. Wenn auch Jahre und Meilen uns
von unseren Freunden trennen, bleibt das Herz doch
davon unberührt. Gott hat diese Nägel an einem festen Ort eingeschlagen, damit das Gefüge unserer Beziehungen intakt bleibt. Lachen und Weinen sind wie
Klebstoff, der die rauhen Kanten verbindet, und egal,
wie weit unsere Kinder sich vom Elternhaus entfer-

nen – sie werden in ihrem Herzen immer den Widerhall des fröhlichen Gelächters im Frühling hören und sich auch an die Tränen im Winter erinnern. Wir alle brauchen einander.

Einer meiner Briefe an Steiny lautete folgendermaßen:

Liebe Steiny,

meinst Du nicht auch, der Vatertag müßte ein schöner, ruhiger, gefühlvoller Feiertag sein? Bei uns hier ist nichts ruhig – gefühlvoll schon eher, aber nicht ruhig!

Wegen der starken Hitzewelle, die bei uns herrscht, bin ich heute morgen schon sehr früh aufgestanden, um die Kartoffeln fürs Mittagessen auszugraben. Außerdem mußte ich Bohnen pflücken und schneiden. Ich backte einen Schokoladenkuchen, bereitete Fleischklößchen und jede Menge Zitronenlimonade zu. Das alles vor dem Frühstück!

Vater Jensen ließ sich im Badezimmer ausgiebig Zeit. In wenigen Minuten würde er sich auf den Weg zu seiner Sonntagsschulklasse machen, mit der Bibel in der Hand und nach Aqua Velva duftend.

Ich bekam einen Hauch davon mit, als er einen flüchtigen Kuß auf meine Wange drückte. »Bis gleich in der Kirche«, sagte er. Augenblicke später rollte der Wagen aus der Einfahrt. Mit einem lahmen Winken kehrte ich an meine Arbeit zurück: Ich räumte die Küche auf, machte die Betten und deckte den Tisch für zehn Personen. Falls noch mehr kamen, mußten die Kinder eben in der Küche sitzen. Das paßte ihnen gewöhnlich gar nicht.

Dann zog ich mich ins Bad zurück, um mir 15 Minuten Zeit zum Duschen, Anziehen und Frisieren zu nehmen sowie einen Hauch von Lippenstift aufzulegen. Den Rückenreißverschluß an meinem Kleid bekam ich nur halb zu; ich war einfach zu müde, um mich total zu verrenken. *Na ja, ich ziehe einfach eine Jacke darüber,* dachte ich. *In der Kirche ist es bestimmt kühl.*

Aber dann konnte ich das Deodorant nicht finden und fühlte mich auch nicht in der Lage, mit meinem uralten Datsun zur Kirche zu fahren. Die Klimaanlage funktioniert nämlich nur im Winter!

Also habe ich es gemacht, Steiny. Ich habe es tatsächlich gemacht! Ich bin zu Hause geblieben und habe den Fernseher eingeschaltet. Wenigstens war es ein Baptistenprediger, Dr. Charles Stanley – nur für den Fall, daß Papa mich aus der Wolke von Zeugen beobachtete. Ich wußte, daß Mama den Kopf schütteln würde. Nichts hätte sie vom Gottesdienstbesuch abhalten können – am wenigsten ein fehlendes Deodorant.

Minuten später, so schien es mir, hörte ich die Autotüren schlagen. Ich zählte schnell – niemand mußte in der Küche sitzen! Ralph und seine Familie waren gekommen, außerdem ein oder zwei gute Freunde.

Dann erschien Vater Jensen! »Was um alles in der Welt ist mit dir passiert? Ich habe mir solche Sorgen gemacht!« (Das fand ich wirklich süß – er hatte sich Sorgen gemacht!) »Es würde dir natürlich ähnlich sehen, Margaret, wenn du am Sonntagmorgen kein Benzin mehr im Tank gehabt hättest. Oder, noch schlimmer, einen Strafzettel wegen zu schnellen Fahrens bekommen hättest.« (Also doch nicht ganz so süß!)

Inzwischen wußte ich, Steiny, daß ich die Sünde begangen hatte, die nicht vergeben werden kann. Ich versuchte, meinem Mann die Sache zu erklären – das mit den Kartoffeln, dem Bohnenschneiden und dem Deodorant.

Ich sagte ihm auch, der Gedanke an das ständige Aufstehen, Hinsetzen, Aufstehen, Hinsetzen und die Furcht, jemand könnte meinen nur halb geschlossenen Reißverschluß sehen, seien einfach zu viel für mich gewesen. Und daß ich Angst vor dem langen Altarruf gehabt hätte. Ehrlich, Steiny, wenn sie zum neunten Mal singen: »Komm heim«, kann ich nur noch daran denken, endlich heimzukommen, damit ich die Plätzchen in den Backofen schieben kann. Inzwischen fühle ich mich so »unerrettet«, daß ich wirklich nach vorne gehen und Buße tun müßte, weil ich nur an die Plätzchen gedacht habe.

Als ich leise auf den Gang trat (während alle Köpfe gesenkt und alle Augen geschlossen waren), flüsterte Harold mir ins Ohr:
»Willst du dich bekehren, Frauchen?«

Ich erinnere mich gut daran, was einmal passiert ist. Ich sollte 16 Leute zum Mittagessen bekommen und mußte anschließend zur Mittagsschicht, die von 15-23 Uhr dauerte. (Alle Kinder saßen in der Küche. Ich saß nirgends.) Also, damals versuchte ich, mich bei der vierten Strophe von »So wie ich bin« heimlich davonzuschleichen, damit ich die Plätzchen in den Ofen schieben und die Gläser mit Eistee füllen konnte.

Als ich leise auf den Gang trat (während alle Köpfe gesenkt und alle Augen geschlossen waren), flüsterte Harold mir ins Ohr: »Willst du dich bekehren, Frauchen?« Ich platzte beinahe vor verhaltenem Lachen; der Prediger dachte, ich sei sehr stark von meinen Sünden überführt, und ließ noch eine weitere Strophe singen. Ich hielt krampfhaft den Kopf gesenkt und wagte nicht aufzuschauen – Plätzchen hin, Plätzchen her!

Du kannst Dir nicht vorstellen, wie heiß es hier ist; wir beten alle um Regen. Warum singt man nicht lieber »Regen des Segens« anstatt immer nur »Himmlische Sonne«? Wo schon jetzt meine ganzen schönen Gartenblumen verwelkt sind und das Korn auf den Feldern vertrocknet, brauchen wir wirklich nicht noch mehr »himmlische Sonne«.

Nun, schließlich ist es mir gelungen, alle an den Tisch zu bekommen. Harold war immer noch nicht so ganz versöhnt, deshalb bat er Ralph, für das Essen zu danken. Ralph hatte großen Hunger, und es machte ihm absolut nichts aus, daß ich am Sonntagmorgen zu Hause geblieben war und ferngesehen hatte. Die kleine Sarah trommelte auf ihrem Kinderhochstuhl herum, und Eric flüsterte: »Ich hab' dich lieb, Omi!«, noch bevor Ralph Amen sagen konnte. (Eric hatte soeben den Schokoladenkuchen erblickt!)

Wenigstens eines habe ich richtig gemacht. Ich hatte für alle Väter zum Vatertag ein schönes Geschenk besorgt. Im Lebensmittelgeschäft war ein Tisch mit Restposten aufgebaut gewesen – jeder Artikel zu 99 Cent. Offensichtlich hatten sich die Bücher mit dem Titel *Wie man ein guter Ehemann ist* nicht allzugut verkauft. Ich erstand drei Stück. Sie hatten früher 6 Dollar 98 gekostet; so ein Schnäppchen macht man nicht alle Tage! Eins davon schenkte ich Harold, das zweite Ralph, und das dritte habe ich für Porter zurückgelegt!

Mag sein, daß der Zeitpunkt ja ungünstig war – jedenfalls fanden die Bücher keine große Akzeptanz. Chris versuchte zwar, Ralphs Stirnrunzeln zu überspielen, indem sie versprach, ihm das Buch vorzulesen. Wie das mit Harold ist, weiß ich nicht. Ich habe aber das Gefühl, daß er im Moment überhaupt nichts von mir vorgelesen haben möchte!

Das ist aber noch nicht alles. Ich hatte Harolds Glückwunschkarte zum Vatertag verlegt. Das einzige, was ich finden konnte, war eine Weihnachtskarte mit einem Winterbild darauf. Auf die Rückseite schrieb ich ein wunderschönes Gedicht – aber das hat er nicht einmal gesehen.

Trotz allem war jeder mit dem Mittagessen und dem Schokoladenkuchen sehr zufrieden. Ich fuhr dann mit Harold in den Abendgottesdienst. Er hielt meine Hand in der seinen; jemand sah es und lächelte. Ich lächelte zurück. Ich konnte dieser Person ja unmöglich sagen, daß Harold meine Hand drückte, damit ich nicht einschlief!

Wir sangen wieder »So wie ich bin«, aber heute abend konnte ich von ganzem Herzen mitsingen. Ich fühlte mich geliebt und geborgen in Gottes allwissendem Herzen – so wie ich bin.

Alles in allem war es doch noch ein schöner Vatertag – trotz des halbgeschlossenen Reißverschlusses.

Mit lieben Grüßen von Haus zu Haus,
Deine Margaret

Ich knipste das Licht aus und schloß die Tür zu. Der Tag war zu Ende. Eines Tages werde ich »heimgehen« zu Jesus, aber bis dahin will ich Ihm hier auf Erden treu dienen und Ihn von ganzem Herzen liebhaben – so wie ich bin.

• • •

P.S.: Und bis dahin, Herr, will ich dein Nagel an einem festen Ort sein – für meine Familie, meine Freunde und auch für jeden Fremden in Not, den du mir in den Weg stellst.

10

Die verlassene Stadt

*Ich dankte Gott für das kostbare Blut Jesu,
das uns selbst, unsere Häuser und sogar ein
Hotelzimmer von aller Sünde reinwäscht.*

Draußen tröpfelte der Regen trostlos von einem düsteren Himmel, und der Morgennebel hüllte die Wälder in ein verschwommenes Grau. Drinnen erhob die Kaffeekanne ihr fröhliches Haupt, und das selbstgebackene Brot lag auf dem Brotschneidebrett und wartete nur darauf, angeschnitten und in den Toaster gesteckt zu werden. Gute Butter und Erdbeermarmelade würden dem Ganzen die besondere Note geben. Es war warm und gemütlich in meiner Küche, und der Kaffee schmeckte gut. Dazu trug natürlich die frische Sahne nicht unerheblich bei.

Als ich die Bibel aufschlug, fiel mir als erstes ein Datum und eine danebenstehende Notiz ins Auge. Dann fielen mehrere Zettel heraus, Aufzeichnungen, die ich mir auf Flughäfen und in Flugzeugen gemacht hatte. Eine erinnerte mich ganz stark an meine Reise 1988 nach Toronto/Kanada. Ich las.

Heute abend fühle ich mich schrecklich einsam. Nachdem die Maschine ausgerollt war, nahm ich mein Gepäck und folgte der Menge zur Paßkontrolle und Zollabfertigung. Eine Frau hatte ihren Paß vergessen.

Mit dem ausgefüllten Zollabschnitt in der Hand stand ich wartend in einer der endlosen Schlangen und sah zu, wie multiethnische Gruppen von Menschen sich mit stoischer Gelassenheit durch Papiere, Übersetzer und riesige Gepäckberge hindurcharbeiteten. Ihre Turbane und die flatternden Gewänder verliehen der niederdrückenden Routine eines langen Tages zumindest ein wenig Farbe und Dramatik.

Endlich stand ich draußen im Regen, um mir eine Nummer fürs Taxi zu holen. Ich hatte Nr. 93, würde also lange warten müssen.

Taxi nach Taxi fuhr vor und füllte sich mit Menschen aus aller Herren Länder. Ich fühlte mich allein und verlassen. Nur wenige schienen Englisch zu sprechen. Obwohl ich mich dicht hinter der Grenze befand, kam ich mir vor wie eine Außenseiterin mitten in einem international gemischten Publikum.

Mit trostloser Gleichmäßigkeit trommelte der Regen auf das Pflaster, während ein Taxi nach dem anderen in den Pfützen am Straßenrand anhielt und uns dabei naßspritzte. Ein müder Taxifahrer rief: »Dreiundneunzig!« und ich beeilte mich, ins Wageninnere zu klettern. Der Taxifahrer kam aus Indien und sprach nur wenig Englisch. Er schien nicht an einer Unterhaltung interessiert zu sein, also lehnte ich mich in die Polster zurück, betrachtete den Regen und hörte dem Geräusch der Scheibenwischer zu.

In einiger Entfernung tauchte das Holiday-Inn-Hotel wie ein vertrauter Freund vor mir auf. Ich befand mich also doch nicht in einem fremden Land, lediglich dicht hinter der Grenze in Toronto. Ich zog das kanadische Geld aus meiner Börse, zwei größere Scheine. In meiner Freude, endlich in die Wärme und Geborgenheit eines bekannten Hotels zu gelangen, gab ich dem schweigsamen Hindu ein fettes Trinkgeld. Sein »Dankeschön« klang echt, und ich wünschte ihm lächelnd einen guten Abend trotz des Regens.

Nachdem ich mein Zimmer gebucht hatte, rollte ich meine Koffer selber zum Aufzug, um in den 11. Stock zu fahren. Eine Tagung hielt die Hotelpagen auf Trab, und eine einzelne ältere Dame schien sie nicht sonderlich zu beeindrucken, auch wenn man ihr die Müdigkeit von weitem ansah.

Ich öffnete das Fenster, um frische Luft in das muffige Zimmer zu lassen, und legte meine Bibel, Bücher und Notizblöcke auf den Tisch. Dann machte ich die Koffer auf und hängte meine Kleider auf die vorhandenen Kleiderbügel. Die zur Seite gezogenen Vorhänge gewährten mir einen guten Überblick über die Stadt. Riesige Hochhäuser schienen mit dem dichten Nebel zu verschmelzen, und von der Straße unter mir blinkten tapfer die Lichter eines China-Restaurants herauf.

Mitten in der Nacht wachte ich plötzlich mit dem Gefühl einer bösen Macht im Zimmer auf. Lähmende Furcht erfaßte mich. War jemand bei mir im Raum?

Auf der anderen Seite des Trinity Square gingen die Wege und Anlagen in den grauen Nebel über, während die Holy Trinity Church schweigend und fest Wache hielt. Zuweilen tauchte das Kaufhaus Eaton aus dem Nebelmeer auf.

Ich sah dem Regen zu und dachte dabei an Harold. »Was ist das doch heute abend für eine verlassene Stadt«, dachte ich und beschloß, das Gefühl der Einsamkeit abzuschütteln und den Gesellschaftsraum und die Kaffeestube aufzusuchen.

Die multikulturelle Stadt Toronto begegnete mir erneut im Foyer. Ich fragte mich, ob überhaupt jemand Englisch sprach. Nachdem ich ziellos durch die verschiedenen Läden geschlendert war, steuerte ich auf die Kaffeestube zu und suchte mir einen Platz am Fenster. Wieder hörte ich dem Trommeln des Regens zu und erlebte das Gefühl der Leere, das einen beschleicht, wenn man alleine essen muß. Ich dachte an meine Freundinnen, die ihre Ehepartner verloren hatten. Heute empfand ich etwas von der Einsamkeit und Öde, die sich wie ein ungebetener Besucher ins Herz einschleicht und sich standhaft weigert, wieder zu gehen. Ich wußte, daß meine Einsamkeit vorübergehen würde, während meine Freundinnen Jahre des Alleinseins vor sich hatten. Ich betete für sie.

Es war ein langer Tag gewesen. Um 4.30 Uhr morgens war ich aufgestanden und hatte endlos lange Warteschlangen in geschäftigen Terminals, vor Zoll- und Paßkontrollen sowie Taxiständen hinter mir, aber jetzt war auch dieser Tag zu Ende. Der Schlaf war ein willkommener Freund.

Mitten in der Nacht wachte ich plötzlich mit dem Gefühl einer bösen Macht im Zimmer auf. Lähmende Furcht erfaßte mich. War jemand bei mir im Raum?

Eine dunkle, drohende Wolke schien den Raum zu erfüllen, und ich war vor Angst wie erstarrt. Aus tiefstem Herzen schrie ich zu Gott und rief laut den Namen »Jesus«. Dann sprang ich mit einem Satz aus dem Bett und knipste das Licht an.

Nichts!

»Denn unser Kampf ist nicht gegen Fleisch und Blut, sondern gegen die Gewalten, gegen die Mächte«, die wir zwar nicht sehen, aber trotzdem wahrnehmen können (Epheser 6,12). Vielleicht hatten frühere Bewohner meines Zimmers mit den dunklen Mächten eines unsichtbaren bösen Reiches zu tun gehabt. Ich wußte es nicht. Eines jedoch wußte ich: Ich war Gottes Kind, und der Name Jesus war stärker als jeder andere Name.

Ich sang »Es ist Kraft in dem Blut« und ging dabei im Zimmer auf und ab, während ich Gott pries, der größer ist als das ganze Universum. Im Namen Jesu befahl ich jedem bösen Geist, der anwesend sein mochte, zu weichen.

Mehrere alte Kirchenlieder kamen mir in den Sinn: »Ein' feste Burg ist unser Gott«, »Selig ist's, dem Herrn vertrauen« und »Gott sorgt für dich, Sein Kind«.

Ich dankte Gott für das kostbare Blut Jesu, das uns selbst, unsere Häuser und sogar ein Hotelzimmer von aller Sünde reinwäscht. Gottes Wort wurde mir ganz neu lebendig, als ich mich an altbekannte Bibelverse erinnerte: »Siehe, ich bin bei euch alle Tage« (Matthäus 28,20); »Ich werde dich nicht verlassen noch versäumen« (Hebräer 13,5). Ich gewann neue Kraft aus der Tatsache, daß wir im Namen Jesu den Sieg haben (1. Korinther 15,57) und aus dem Bekenntnis, daß »Jesus der Herr meines Lebens ist«.

Im Namen Jesus ist Kraft. Es ist kein anderer Name
unter dem Himmel den Menschen gegeben,
der wirklich Befreiung bringen kann.

Der Raum wurde mit Frieden und einem starken Gefühl der Gegenwart Gottes erfüllt. Ich nahm meine
Bibel zur Hand und machte mir ein paar Notizen auf
meinem gelben Schreibblock. Nach einiger Zeit
klappte ich die Bibel wieder zu, legte den Kugel-
schreiber hin und ging beruhigt schlafen. Gottes Liebe
bedeckte mich wie eine Decke, und am Morgen
wachte ich erfrischt und gestärkt auf, um einem
neuen Tag, der mich mit Sonnenschein und einem
strahlend blauen Himmel begrüßte, entgegenzuse-
hen.

Ein angenehmes Frühstück mit Ralph Bradley, dem
Koordinator des christlichen Fernsehprogramms *100
Huntley Street* brachte mich so richtig in Schwung.
Die Nacht mit ihrer Dunkelheit, dem Regen und Ne-
bel war vorüber. Für alles gibt es eine Zeit, sogar für
eine »verlassene Stadt«.

• • •

P.S.: Ich wurde ganz plötzlich in die Gegenwart und
meine freundliche Küche zurückversetzt, als das Telefon klingelte. Als ich den Hörer abnahm, meldete sich
eine gute Freundin, die mich flehentlich bat: »Margaret, bete bitte! Ein junger Mann, der z. Zt. ein Drogen-
rehabilitationsprogramm durchläuft, wurde zu einer
Unterrichtsstunde in der Kirche gebracht. Am ganzen
Leib zitternd, weigerte er sich, die Kirche zu betreten.
›Ich kann nicht! Ich kann nicht!‹ jammerte er. ›Ich habe
meine Seele dem Teufel verschrieben, als ich in einer

Rockband spielte!‹ O Margaret, meinst du, es gibt noch Hoffnung für ihn?«

»Ja, ganz gewiß«, erwiderte ich überzeugt. »Im Namen Jesus ist Kraft. Es ist kein anderer Name unter dem Himmel den Menschen gegeben, der auch diesem jungen Mann wirklich Befreiung bringen kann.«

Wir beteten zusammen am Telefon, und Gott wird meine Freundin als Nagel an einem festen Ort gebrauchen, damit dieser junge Mann jemanden hat, der ihn hält.

Die Finsternis um uns her ist, obwohl unsichtbar, absolut real, aber die Gnade und Liebe Gottes sind stärker!

11

Das Spielhaus

Ich erinnere mich an letzten Sonntag, als eine gerammelt
volle Kirche im Gebet kniete, während die Kirchenglocke
23 Mal schlug zum Gedenken an die 23 Millionen Babys,
die überhaupt keine einzige Tee-Party auf dieser Erde
haben werden.

D er Weihnachtsschmuck war wieder auf dem
Dachboden verstaut – bis zum nächsten Jahr.
Harold blätterte in ein paar Gartenkatalogen,
und ich saß am Fenster und sah auf den winterlichen
Garten hinaus, voller Sehnsucht, endlich wieder
Hacke und Spaten hervorholen und draußen arbeiten
zu können.

Mamas Worte klangen von neuem in meinem Herzen: »Wenn der Winter kommt, kommt als nächstes
der Frühling.« Harold und ich hatten schon ein paar
Wanderdrosseln gesehen – der Frühling konnte also
nicht mehr weit sein.

Von meinem Erkerfenster aus sah ich den Geräteschuppen, den Harold für unsere Gartengeräte be-
stellt hatte. Ich erinnerte mich an den Tag, als der

Schuppen geliefert wurde. Schon der Auftakt war
großartig – mit einer Tasse Kaffee und Chris, die uner-
wartet bei uns hereinschneite. Dann kam das Geräte-
haus; es wurde auf Rollen transportiert bis zu dem
vorgesehenen Platz unter der dicken Eiche in der süd-
westlichen Ecke unseres großen Grundstücks.

Ein Geräteschuppen war für mich der Inbegriff von
Luxus – endlich Platz für Dünger, Samen, Blumen-
töpfe, Schaufeln und Hacken! Nicht länger würde ich
versuchen müssen, unter Lebensgefahr den vielen
Farbdosen, Pinseln und Plastikplanen im Keller aus-
zuweichen und nicht über irgendein Hindernis zu fallen. Und mein kostbarer Düngervorrat würde endlich
seinen Ehrenplatz erhalten.

Harold schrie: »Margaret! Tu etwas!«

Die 2,5 mal 3,5 Meter große Konstruktion wurde fest
im Boden verankert. Das kleine Fenster war genau
richtig für eine Rüschengardine. Mama wäre bestimmt stolz auf mich, wenn sie sehen würde, daß
ich einen Blechschuppen mit einem Fenstervorhang
versah.

Harold legte einen Rasenteppich auf den Fußboden
und fing an, Regale für seine Farbdosen und Pinsel
anzubringen. Ich wußte, daß die diversen Gartengeräte und ein Rasenmäher bald ebenfalls ihren Platz
finden würden.

Unsere Pläne wirbelten wie Zuckererbsen in unseren Köpfen herum – so lange, bis die Mädchen kamen.
Sarah, 10, und Kathryn, 7, riefen entzückt: »O Großpapa – ein Spielhaus! Wann kannst du euer Gerümpel
aus unserem Spielhaus schaffen?«

Harold schrie: »Margaret! Tu etwas!«

Und ich tat etwas! Ich holte das »Gerümpel« aus dem Spielhaus und brachte die Gartengeräte vorläufig woanders unter. Grassamen und Dünger wurden in Kisten verstaut und mit alten Decken zugedeckt. (Ich dachte, sie wären nicht mehr zu sehen.)

Eine alte Kommode, eine Spielzeugkiste und ein hoher Hocker fanden geschwind neben einem Klapptisch und mehreren rostigen Stahlrohrstühlen Platz.

Als die Jungen, Shawn und Eric, das neue Haus begutachten wollten, ließ ein bestimmtes: »Füße abputzen!« sie sofort wieder Reißaus nehmen. »Omi, die Mädchen übernehmen einfach alles!« beklagten sie sich bei mir.

In der Tat, so war es! Sarah hatte bereits eine einklassige Schule eingerichtet, mit Papier und Bleistiften, Büchern und Hausarbeiten, wie es sich gehört. Als der Unterricht vorbei war, läuteten die Mädchen eine Glocke, und es war Zeit für den Tee.

Vor dem Geräteschuppen war mittels eines alten Teppichs ein »Hof« entstanden. Der Klapptisch wurde mit einem gestärkten Tischtuch bedeckt, und in der Mitte stand eine zerbrochene Vase mit Unkraut als Blickfang.

Auf dem Dachboden hatten die Kinder einige alte Hüte entdeckt, und die große Truhe aus Zedernholz barg kostbare Schätze, u. a. Brautjungfernkleider von Anno dazumal. Schleier, alte Pelzkragen und lange Handschuhe wurden mit silbernen und goldenen Pantoffeln kombiniert. Die alten Ketten und Ohrringe hatten sich wohl noch nie einer solchen Berühmtheit erfreut.

Sarahs breitkrempiger Hut wurde immer wieder vom Wind fortgeweht. Kathryn hatte ihren mit einem

Schal festgebunden. Sie ließ sich nicht vom Wind zum Narren halten!

Harold, zu beschäftigt mit anderen handwerklichen Sorgen, hatte die neuen Hauseigentümer noch gar nicht bemerkt – bis er zum Tee eingeladen wurde. Sarah, in langem Kleid und mit Handschuhen, begrüßte ihre Gäste mit einer um den Hals baumelnden Pelzstola. Kathryn, deren Abendkleid und Umhängetuch über den Boden schleiften, kletterte auf ihren Lieblingsschoß. »Großpapa, wann holst du Omis Gerümpel aus unserem Spielhaus?« Sie hatte meine Kisten entdeckt!

Harold spielte seine Rolle vortrefflich. Man wird ja schließlich nicht alle Tage zum Tee eingeladen – auch wenn dieser aus Limonade und Keksen bestand.

Jedes Ding hat seine Zeit. Jetzt war die Zeit für Kathryns Besen, mit dem sie den Hof fegte, die Zeit für Sarahs ersten entschlossenen Versuch, sich als Lehrerin zu betätigen, und die Zeit für die Jungen, sich darüber zu beschweren, daß »die Mädchen einfach alles übernehmen«.

Irgendwie ahnte ich, daß das kleine Haus nicht nur den Gartengeräten vorbehalten sein würde. Wenn Harold und ich schon lange tot sind, werden die Erinnerungen an die Tage der Unschuld noch immer in den Köpfen und Herzen unserer Enkelkinder weiterleben.

Füße abputzen! war eine durchaus passende Aufforderung, denn das Land der Kindheit ist in der Tat heiliger Boden. Es ist die Zeit, in der Erinnerungen gebildet und gespeichert werden, damit sie in den kommenden Jahren, wenn der uns umgebende unheilige Boden uns erdrücken will, zurückkehren und uns Freude bescheren können.

Mit dem Spielhaus und seinen Geleegläsern und glitzernden Perlen wird es eines Tages – wie ich meine, viel zu schnell – vorbei sein. Der Tag kommt, an dem Dünger und Samen, Hacke und Schaufel wieder ihren Platz einnehmen. Aber heute, für diese Zeit, soll es so sein, daß Kathryn ihren Hof fegt und Sarah ihren Tee eingießt – und vor allem, daß wir uns die Füße abputzen!

Ich sitze in meinem Büro und denke daran, daß der Frühling nun bald kommt und mit ihm weitere Tee-Partys.

Und ich erinnere mich an letzten Sonntag, als eine gerammelt volle Kirche im Gebet kniete, während die Kirchenglocke 23 Mal schlug zum Gedenken an die 23 Millionen Babys, die überhaupt keine einzige Tee-Party auf dieser Erde haben werden.

• • •

P.S.: Auch Erinnerungen sind Nägel an einem festen Ort.

12

Gebeugte Knie

Die Wissenschaftler haben Gott in dem Wunderwerk Seiner Schöpfung verloren, und die Theologen haben Ihn in dem Wunderwerk der biblischen Lehre verloren.

Es ist schön, wieder zu Hause zu sein. Für einige Wochen brauche ich jetzt keinen Koffer mehr zu packen, also nehme ich mir die Zeit, den Terminkalender der letzten Wochen nochmals durchzusehen, meine Tagebuchaufzeichnungen zu lesen und über die Lektionen nachzudenken, die ich von lieben Gotteskindern gelernt habe.

Heute schlug ich mein Tagebuch bei Juli 1988 auf.

Es war 4.30 Uhr am Morgen, als mein Wecker schrillte und mir einen neuen Tag ankündigte. Ich reise gewöhnlich in aller Frühe, da ich möglichst früh in Charlotte sein muß, um die entsprechenden Anschlußflüge zu erreichen. Als ich mich in der vertrauten Piedmont-Maschine nach Charlotte anschnallte, war ich bereits hellwach. Sobald wir in der Luft waren, wandte ich meine Aufmerksamkeit dem Buch *Five Silent Years of Corrie ten Boom* (»Fünf stille Jahre von Corrie ten Boom«) zu. Zusammen mit der Autorin Pamela Rosewell wandelte ich auf Corries Spuren der späteren Jahre: Koffer, Flughäfen, Reden, Schreiben, Menschen und haufenweise Korrespondenz prägten ihr Leben. Von Herzen wünschte ich mir, den Glauben und die Disziplin dieser Frau Gottes – Corrie ten Boom – zu besitzen. Zweifellos hatte Gott da einen glänzenden Nagel an einem festen Ort eingeschlagen.

Vieles von dem, was über sie geschrieben worden war, verstand ich sehr gut; auch ich wußte etwas von Reisen, Flughäfen, Menschen und Korrespondenz. Trotzdem hatte ich das Gefühl, daß Gott mir noch etwas anderes mitteilen wollte, nämlich: »Sei still und erkenne, daß ich Gott bin.«

Wie konnte ich still sein? Waren mein Bibellesen und meine morgendliche stille Zeit mit dem Herrn etwa zur bloßen Routine verkommen? Marschierte ich wie ein siegreicher Feldherr in die verschiedenen Scharmützel des Tages hinein? Natürlich war ich Gott dankbar für Gesundheit und Kraft, um die nie enden wollenden Aufgaben des Schreibens, Sprechens und Reisens bewältigen zu können, aber mein Terminkalender sah aus wie ein lückenloses Puzzle.

»Wir werden in wenigen Minuten landen«, ertönte es aus dem Bordlautsprecher. Ich steckte das Corrie-Buch weg und versah eines meiner eigenen Bücher mit einem Autogramm. Ich wollte es dem Piloten schenken, zum Dank für den angenehmen Flug. Der Titel schien mir passend zu sein: *First Comes the Wind* (»Zuerst kommt der Wind«). Über meine Unterschrift setzte ich den Vers aus Psalm 104,3: »... der einherzieht auf den Flügeln des Windes.«

Nachdem ich mich bei den Flugbegleiterinnen bedankt hatte, verließ ich die Maschine und bahnte mir einen Weg durch den Chicagoer Flughafen in Richtung der Gepäckausgabe, wo meine Freundin Grace Beezie auf mich warten wollte. Ich habe den Eindruck, daß Gott mir in jedem Teil des Landes eine Familie schenkt. In Chicago sind es Grace und Bob, die sich um mich kümmern. Doch sie öffnen nicht nur mir Herz und Haus, sondern auch vielen Missionaren aus aller Welt, die immer wieder bei ihnen einkehren.

Plötzlich und ohne jede Vorwarnung stolperte ich und schlug der Länge nach auf dem Betonfußboden der Ankunftshalle auf. Ein brennender Schmerz fuhr durch mein Knie. Doch nicht weniger fühlte mein verletzter Stolz den Schmerz.

Freundliche Mitreisende halfen mir wieder auf die Beine; ich bedankte mich und humpelte zu einem Sitzplatz, um wieder zu Atem zu kommen. Es tat sehr weh, aber wenigstens konnte ich laufen!

Verstört schrie ich innerlich zu Gott: »Warum, Herr? Ich bin doch dein Kind, und der Tag hat so gut mit dir begonnen. Warum jetzt dieses?«

Im Geist meinte ich Corries Stimme durch ihre Bücher hindurch zu hören: »Gott hat keine Probleme, nur Pläne.«

»Aber dies hier sieht eher nach einem Problem aus, Herr«, wandte ich ein.

Der pochende Schmerz in meinem Knie erinnerte mich daran, wie verletzlich wir sind und daß wir ohne Christus überhaupt nichts tun können.

Langsam schleppte ich mich zur Gepäckausgabe und holte meine Koffer ab. Grace erwartete mich und brachte mich ins Moody-Bibelinstitut, wo ich zusammen mit Jim Warren die Radiosendung »Prime Time America« moderieren sollte. In wenigen Minuten würde die Sendung beginnen. Jim betete für mich, während Debbie Powell, seine Assistentin, Eis auf mein Knie legte. Glaube und Werke gehören nun einmal zusammen! Während Jim und ich unsere Plätze einnahmen, war ich noch immer zutiefst erschüttert über meine Hilflosigkeit. Das Licht ging an, die Musik ertönte, und schon waren wir auf Sendung. Überall im nahen und weiten Umkreis hörten Menschen dem Interview mit George Verwer zu, der erzählte, wie Gott eine Tragödie in einen Triumph verwandelt hatte.

Ende der 50er Jahre machte sich George Verwer mit einer kleinen Gruppe Bibelschüler mit einem alten Lastwagen, vollgeladen mit Büchern und Schriften, auf den Weg nach Mexiko. Diese Mission breitete sich mittels Zelten, Schlafsäcken und Herzen, beseelt von dem Wunsch, die Liebe Gottes allen Menschen zu verkünden, flächenförmig aus.

Georges Traum, der mit dem alten, verbeulten Lastwagen begonnen hatte, entwickelte sich zu dem bekannten Missionswerk Operation Mobilisation (kurz: O.M.). Im Jahr 1970 wurde ein 2.625-Tonnen-Schiff, die *Logos*, in Betrieb genommen, um Einheimische zu schulen und Missionsmitarbeiter zum Evangelisieren von einer Hafenstadt zur anderen zu befördern. Zu Hunderten besuchten Touristen das Schiff, die alle die wunderbare Geschichte erfuhren.

Achtzehn Jahre lang fuhr die *Logos* und legte dabei über vierhundert Mal in 258 verschiedenen Hafenstädten in 103 Ländern an, einschließlich Libanon, Vietnam und China. Fünf Minuten vor Mitternacht am 4. Januar 1988 fand der Einsatz der *Logos* ein jähes, trauriges Ende. Das Schiff strandete vor der Küste Chiles.

Als ich von dieser Tragödie erfuhr, schien es mir, als ob ein großer, glänzender Nagel herausgezogen worden wäre und ein klaffendes Loch des Verlustes und der Leere hinterlassen hätte. Beinahe hätte ich vergessen, daß Gott es ist, der den Hammer hält, und Er hinterläßt keine großen, klaffenden Löcher.

Lächelnd fuhr George fort zu erzählen: »Die außerordentlich sachliche Berichterstattung in den Medien und das uns daraufhin entgegengebrachte Mitgefühl und die Anteilnahme von Christen überall auf der Welt haben uns gezeigt, daß Gott im Begriff ist, eine neue Tür zu öffnen, durch die wir im Glauben hindurchgehen müssen.«

Aus einem scheinbaren Unglück machte Gott einen großen Segen. Er füllte die leere Stelle mit einem noch größeren Schiff, der *Logos II* – die Arbeit war ohnehin zu groß für die *Logos I* geworden –, und so, wie Er für die *Logos I* gesorgt hatte, würde Er es auch für die *Logos II* tun. Auch dieses Schiff würde von einem Land zum anderen fahren und den Menschen die Botschaft von der Liebe Gottes bringen, so wie das erste Schiff es getan hatte. Wieder war die Botschaft: »Keine Probleme, sondern Pläne«, laut und deutlich zu vernehmen.

Während ich zuhörte, erinnerte der pochende Schmerz in meinem Knie mich daran, wie verletzlich wir sind und daß wir ohne Christus überhaupt nichts tun können. Ein Sturz wie ein gestrandetes Schiff sind Unglücksfälle, die uns signalisieren: »Das Beste kommt noch.«

Um mir eine Freude zu machen, ließ Jim eines meiner Lieblingslieder spielen:

> *Den königlichen Schmuck bringt her!*
> *Hier ist der Siegesheld.*
> *Kommt, huldigt Jesum, Ihm sei Ehr'!*
> *O krönt Ihn, krönt Ihn, krönt Ihn,*
> *den Herrscher aller Welt!*

Aus tiefstem Herzen sehnte ich mich danach, Jesus zu huldigen und Ihn in aller Demut anzubeten.

Die *Logos I*, für so viele Jahre ein Nagel an einem festen Ort, der selbst bis an die fernsten Plätze Gottes Heil und Heilung getragen hatte, war nun in einen noch größeren Plan eingemündet: eine mächtige eiserne Stütze im Gefüge des Glaubens.

Jim Warren, dessen Kreativität glänzend zum Einsatz kam, verwendete Nachrichten und Kommentare aus aller Welt, um den Hörern klarzumachen, daß sie »Jesus huldigen und Ihn zum Herrscher aller Welt krönen« sollten.

Den nächsten Teil der Sendung bildete ein persönliches Interview mit Sammy Tippit, in dem es um sein Buch *The Prayer Factor* ging.

Fast hätte ich mein schmerzendes Knie vergessen, während Jim seine Fragen stellte und Sammy über erstaunliche Gebetserhörungen berichtete. Viele junge Leute in den Ländern des Ostblocks hatten bereits ihr Leben Jesus übergeben, wofür einige ältere Geschwister jahrelang gebetet hatten.

Nun träumte Sammy davon, das Evangelium auf dem Roten Platz in Moskau zu verkünden. »Die Gemeinde Jesu fängt an, mit Bürokratie zu laufen anstatt auf gebeugten Knien (schon wieder dieses Knie!), wenn sie sich weigert, auf Gott zu warten.«

Sammy erzählte, daß er mehrmals wegen seiner Evangeliumspredigt verhaftet worden sei, und berichtete, wie er das lebendige Wort Gottes benutzt habe, um denen, die ihn gefangengenommen hatten, zu antworten. Dann fuhr er fort:»Gott mißt der Demut einen hohen Stellenwert bei. Wir demütigen uns unter die mächtige Hand Gottes und warten auf Seine Anweisungen. ›Seid still und erkennt...‹«

Ich nickte zustimmend. Sammy sprach mir aus dem Herzen. Es war eine echte Demütigung gewesen, der Länge nach vor Hunderten von Reisenden flach auf dem Boden zu liegen.

Aber schon sprach Sammy weiter:»Der Heilige Geist als ›Schuldirektor‹ stellt den Lehrplan für uns zusammen. Er bestimmt die beiden Professoren ›Gesetz‹ und ›Versagen‹ zu unseren Studienleitern. Professor Gesetz lehrt uns den Maßstab Gottes; Professor Versagen lehrt uns, daß wir diesen Maßstab nicht erreichen können. Das führt uns zu der überraschenden Tatsache, daß wir ohne Jesus überhaupt nichts tun können.«

Wie gut ich dieses Radioprogramm verstand! Ich hatte die schönsten Pläne entworfen, doch ein einziger Sturz konnte sie alle zunichte machen. In Gedanken ging ich die Liste durch: Pennsylvania; North Carolina; Oregon; Kanada – vielleicht aber auch Operation und wochenlange Bewegungsunfähigkeit.

Ich vergrub meinen Kopf in den Kissen.»Ich bin zu alt, um weiter kreuz und quer durchs Land zu ziehen«, wimmerte ich.»Ich möchte nach Hause!«

In einem Rundbrief, den Debbie mir gab, hatte ich einen Auszug aus Sammys Buch gelesen. Jetzt kamen mir die Worte wieder in den Sinn: »Auf Gott zu harren, bedeutet, daß man zwei wichtige Wahrheiten der Bibel erkennt: die Hilflosigkeit des Menschen und die Allmacht Christi. Beim Warten auf Gott verstehen wir, was Jesus gemeint hat, als Er sagte: ›Ohne mich könnt ihr nichts tun‹ (Johannes 15,5).«

Während die Musik erklang, sah ich mir nochmals die Pressenotizen an und las: »Gebet ist nicht Theorie, sondern Praxis.«

Weiter hieß es in bezug auf den jungen Missionar:

> Sammy hat den Geist des Gebets an Plätzen wie Rumänien und Indien eingefangen, wo Gott auf gewaltige Art und Weise wirkt. Diese Länder besitzen weder die Technologie noch die Programme noch die Geldmittel, über die wir in der westlichen Welt verfügen. Trotzdem erleben sie ein phänomenales Gemeindewachstum aufgrund von Gebet.

Jim Warren fuhr fort, Fragen zu stellen: »Wie steht es denn mit dem Zeitfaktor, Sammy? Unsere Tage sind ja dermaßen gedrängt voll!«

Das mußte Sammy zugeben. Der Zeitfaktor stelle eines der größten Gebetshindernisse dar, sagte er. Wir vergaßen beinahe, daß wir immer noch auf Sendung waren, als wir uns an Situationen erinnerten, wo wir ernstlich gebetet und großartige Gebetserhörungen erlebt hatten.

Dann war die Zeit um, und Jim sagte das Ende der Sendung an. Doch unser Gespräch ging weiter.

Als der Tag sich neigte, schleppte ich mich unter großen Schmerzen die Treppe zum Gästezimmer der Beezies hinauf. Ein Gefühl von Angst und Hilflosigkeit überkam mich. Natürlich glaubte ich an Gebet, aber im Augenblick wußte ich nicht, wie ich nach Hause – oder auch nur ins Bett – kommen sollte. Ich dachte an die Wunder, die in Indien und in Afrika geschahen, doch mein Knie war doppelt so dick wie gewöhnlich, und ich wünschte mir nichts sehnlicher, als daheim zu sein, damit Harold mich ins Bett bringen oder zu unserem Hausarzt fahren könnte.

Grace brachte mir wieder einen Eisbeutel, und ich legte mein Bein hoch und sagte, es sei alles in Ordnung – so lange, bis die Tür sich hinter ihr geschlossen hatte. Dann vergrub ich meinen Kopf in den Kissen. »Ich bin zu alt, um weiter kreuz und quer durchs Land zu ziehen«, wimmerte ich. »Ich möchte nach Hause!« Alles tat mir weh.

»Keine Probleme – nur Pläne«, hallte es in meinem Herzen wider. Ich griff nach meiner Bibel und las durch meine Tränen hindurch:

> Fürchte dich nicht, denn ich bin mit dir (wenn du mit mir bist, warum bin ich dann gestürzt?)! Habe keine Angst, denn ich bin dein Gott (ein stiller Frieden breitete sich anstelle der Furcht in meinem Herzen aus)! Ich stärke dich, ja, ich helfe dir, ja, ich halte dich mit der Rechten meiner Gerechtigkeit (Jesaja 41,10).

Ich packte meine Bibel fester und fuhr fort mit Lesen. Dabei stellte ich mir die Frage, ob ich mich wohl auch so an diese lebenspendenden Worte klammern würde, wenn ich nicht gestürzt wäre, oder ob ich dann längst süß und selig schlafen würde. An Schlaf war nicht zu denken, deshalb las ich immer weiter. Timotheus, Titus, dann der Brief an die Hebräer mit dem großartigen Kapitel über die Glaubenshelden. Schließlich kam ich zum Jakobusbrief und las:»Das Gebet des Glaubens wird den Kranken heilen, und der Herr wird ihn aufrichten« (Kap. 5,15). Ich wußte, daß Jim und Jean Warren für mich beteten und Grace sogar einen Hilferuf an ihre Mutter, eine echte Gebetskämpferin, geschickt hatte. Und hier erinnerte mich der Apostel Jakobus daran:»Eines Gerechten Gebet vermag viel in seiner Wirkung« (Kap. 5,16).

Ich konnte nicht aufhören zu lesen. Es war, als ob ich mich an einer Rettungsleine festhielte; ich hatte regelrecht Angst, die Verheißungen Gottes loszulassen. Ich legte meinen Finger auf einen weiteren Vers und las:»Wenn aber jemand von euch Weisheit mangelt, so bitte er Gott« (Jakobus 1,5).

»O Herr«, rief ich aus, »bitte, gib mir deine Weisheit, um meine Prioritäten richtig zu ordnen!«

Dann las ich im 1. Petrusbrief weiter:»Denn die Augen des Herrn sind gerichtet auf die Gerechten und seine Ohren auf ihr Flehen« (Kap. 3,12), und:»... indem ihr alle eure Sorge auf ihn werft; denn er ist besorgt für euch« (Kap. 5,7).

Aus ferner Vergangenheit meinte ich fast, unseren gottesfürchtigen Freund, Herrn Mason, zu sehen – mit dem weißen Haar, das sein Gesicht mit den klaren blauen Augen umrahmte – und ihn sagen zu hören:»Kinder, erhaltet euch selbst in der Liebe Gottes. Wagt euch nicht aus dem Schatten des Allmächtigen heraus. Bleibt ganz nah bei Jesus.«

Ich sah von meiner Bibel auf und betete:»O Gott, ich weiß, daß du nur gute Gedanken mit mir hast. War dieser Sturz vielleicht notwendig, damit du ganz neu meine Aufmerksamkeit bekommst und ich merke, wie schwach ich ohne dich bin? Haben die Sorgen dieser Welt, die Unruhe wegen meines fehlenden Arbeitszimmers, die endlosen Wartezeiten und terminlichen Überforderungen etwa dein lebendiges Wort erstickt?«

Irgendwo in meinem tiefsten Innern schien mir eine leise, sanfte Stimme zuzuraunen: »Ja, so ist es.« Anstatt mich an Gottes Wort zu laben, schien ich die Bibel nur noch routinemäßig zu studieren. Ich hatte einmal folgenden Ausspruch gelesen: »Die Wissenschaftler haben Gott in dem Wunderwerk Seiner Schöpfung verloren, und die Theologen haben Ihn in dem Wunderwerk der biblischen Lehre verloren.«

Herr Mason ist längst daheim beim Herrn, aber sein Leben glich einem glänzenden Nagel an einem festen Ort, von Gott dort eingeschlagen, um dem einsamen Wanderer eine Zufluchtsstätte zu bieten.

Auch Corrie ten Boom ist beim Herrn und preist mit allen Heiligen Gott von Angesicht zu Angesicht. Mama und Papa haben sich ebenfalls zu der himmlischen Schar gesellt – sie alle gehörten zu Gottes besonderen Nägeln an einem festen Ort.

Und heute hatte Sein treuer Knecht Jim Warren die Nachrichten und Kommentare aus aller Welt präsentiert. Für Tausende von Hörern ist er der Nagel, den Gott an einem festen Ort eingeschlagen hat.

Es war spät geworden, und morgen sollte ich beim 50. Klassentreffen im norwegisch-amerikanischen Krankenhaus sprechen, wo ich meine Ausbildung als Krankenschwester gemacht hatte. Einen Moment lang überlegte ich, wie ich wohl dorthin kommen würde – aber das war ja erst morgen! Zunächst brauchte ich in dieser Nacht Schlaf. Bevor ich meine Bibel endgültig zur Seite legte, schlug ich den Judasbrief auf und las:

> Dem aber, der euch ohne Straucheln (wieder das Wort »straucheln«!) zu bewahren und vor seine Herrlichkeit tadellos mit Frohlocken hinzustellen vermag (o Herr, ich möchte nicht, daß es dir leid tut, mich geschaffen zu haben!), dem alleinigen Gott, unserem Heiland durch Jesus Christus, sei Herrlichkeit, Majestät, Gewalt und Macht vor aller Zeit und jetzt und in alle Ewigkeit! Amen (Judas 24,25).

Gute Nacht, Jesus! Das war ein langer Besuch!

> *Müde bin ich, geh' zur Ruh',*
> *schließe meine Augen zu.*
> *Vater, laß die Augen dein*
> *über meinem Knie jetzt sein.*
> *Amen.*

• • •

P.S.: Das tat Er!

13

Der verschwundene Aktenordner

Manchmal ist bloßes Überleben schon ein Sieg.

Harold stand wieder einmal an der Tür zu meinem Büro. »Margaret«, sagte er, »ich hoffe allen Ernstes, daß du die Kartons endlich einmal aussortiert bekommst.« Er deutete mit dem Kopf auf den Karton vor mir. »Was ist das?«

»Ich habe gerade einen verschwundenen Aktenordner wiedergefunden. Erinnerst du dich, daß Grace mir gezeigt hat, wie ich die Briefe abheften sollte? Nun, ich bin ein bißchen im Rückstand damit – so um die zehn Jahre. Soeben habe ich die Kopien von Briefen gefunden, die ich vor vielen Jahren geschrieben habe. Willst du wirklich nicht, daß ich sie dir vorlese?«

Er wollte wirklich nicht, sondern trat schleunigst den Rückzug an.

Ich kehrte wieder zu meinem Aktenordner zurück. Mama pflegte immer zu sagen, daß wir jeden Tag wenigstens einmal richtig lachen müssen, dann brauchen wir nicht so oft zum Arzt! Da ich sowieso keine

Zeit habe, zum Arzt zu gehen, werde ich lieber diese alten Briefe lesen, beschloß ich.

»Was ist bloß mit unseren Familien in Amerika los?« wurde ich eines Tages von einem Fernsehmoderator gefragt.

Meine Antwort lautete: »Wir haben unseren Sinn für Humor verloren.«

So wie wir uns über all das Schöne rings um uns her freuen dürfen, dürfen wir auch über die spaßigen Dinge im täglichen Leben lachen. Tränen können unsere Glaubensaugen auswaschen, so daß wir Gott in den Unmöglichkeiten erkennen. Lachen läßt die Hoffnung dehnbar wie Gummi werden, so daß wir auf die Erhörung warten können.

Janice pflegte zu sagen: »Ich kann leicht erkennen, wann Mutter ›den Kampf des Glaubens kämpft‹. Ihre Briefe sind dann besonders fröhlich.«

Die Freude am Herrn steigt wie ein Springbrunnen empor und nimmt den Sorgen dieser Welt ihre Schärfe.

Ja, manchmal lachen wir gemeinsam, um nicht weinen zu müssen. Gottes Wort spricht von der Freude: »Der Gott der Hoffnung aber erfülle euch mit aller Freude und allem Frieden im Glauben« (Römer 15,13). Glücklichsein hängt von den Umständen ab, aber die Freude am Herrn kommt durch den Heiligen Geist.

Gott erfüllt uns mit aller Freude, während wir uns im Stadium des Glaubens befinden, damit es uns leichter fällt, auf das Schauen zu warten. »Wenn du glauben kannst, wirst du die Herrlichkeit des Herrn sehen.«

Dumme Witze und leeres Gerede sind keine Kennzeichen eines geisterfüllten Lebens; aber die Freude am Herrn steigt wie ein Springbrunnen empor und nimmt den Sorgen dieser Welt ihre Schärfe. Das ist wahrscheinlich der Grund, weshalb ich diese komischen Briefe aufbewahrt habe, Briefe wie z. B. diesen:

Liebste Do,
Deine Briefe sind wie eine Reise in den Orient. Ich habe mich regelrecht in Japan verliebt, und *Shogun* habe ich auch gelesen. Es war mir nicht bekannt, daß wir in den Augen der sanften, disziplinierten Orientalen häufig eher Barbaren gleichen.
Aber bitte, Do, versuch jetzt nicht, die Japaner zu imitieren! Wenn wir fünf Tweten-Schwestern zusammen sind, möchte ich nicht, daß Du Dich lächelnd verneigst. Kannst Du Dir vorstellen, welche Wirkung das auf unsere Männer haben würde?
Vor etlichen Tagen kam Harold zur Küchentür herein. Er rümpfte die Nase und fragte stirnrunzelnd: »Was, um alles in der Welt, kochst du da?«
»Ach, du meinst den Geruch? Ich habe eben Dünger auf den Mais gestreut.«
»Vielen Dank, aber ich nehme lieber Butter.«
»Du bist überhaupt nicht witzig, Harold. Ich habe Dünger auf das Mais*feld* gestreut. Der Wind kommt nun zufällig von dieser Seite.« Ich drehte mich um und sah ihn an. »Übrigens, das Abendessen ist fertig.«

»In diesem Gestank?« Er ging auf den Tisch zu. »Sag mal, Margaret, wie lange ist eigentlich der Sprenger schon an?«

»Weiß ich nicht. Mais braucht bekanntlich viel Wasser.«

»Also, jetzt hört sich doch alles auf! Du verstehst genausowenig von Wirtschaft wie die Kerle in Washington. Du streust Kalk und Dünger auf die Pflanzen und treibst die Wasserrechnung in die Höhe. Und am Ende hast du lediglich ein paar Tüten Mais zum Einfrieren. Du meinst, du würdest etwas gegen die hohen Lebenshaltungskosten tun.« Harold schüttelte traurig den Kopf. »In Wirklichkeit bist du der Auslöser für die Inflation! Erinnerst du dich an die Erdbeeren? (Wie hätte ich sie vergessen können!) Nicht nur, daß du jede freie Minute mit Unkrautrupfen verbracht hast, auch die Amseln hast du versucht zu verscheuchen. Dann hast du ein Netz für 15 Dollar gekauft, und jedesmal, wenn wir ein paar Beeren pflücken wollten, mußten wir zuerst das Netz hochnehmen und dann versuchen, den Amseln zuvorzukommen und die roten für uns zu ernten. Am Ende hatten wir nur halbreife Beeren, während die Amseln auf dem Baum saßen und ihr Wartelied sangen.«

Ich gab keine Antwort. Ich trug gerade eine Schüssel mit Gemüse auf.

Harold warf mir einen verstohlenen Blick zu. »Na ja, Schatz, mach dir nicht allzuviel daraus! Weißt du was? Ich habe eine Kiste mit Erdbeeren im Auto. Ich habe heute zwanzig Pfund auf der Erdbeerplantage gepflückt, das Pfund zu 50 Cent.« Allerdings konnte er sich die Bemerkung nicht verkneifen: »Deine hätten 5 Dollar pro Pfund gekostet.«

Im Augenblick hatte Harold den Dünger ganz vergessen. Aber ich nicht. Der Wind brachte ihn noch näher. »Ich denke, wir stellen den Sprenger ab und gehen uns einen Hamburger holen, Harold. Das Gemüse können wir morgen noch essen.«

Für heute reichte es mir!

Der nächste Tag war ein Sonntag, und der Abendgottesdienst sollte speziell zu Ehren der »Senioren« stattfinden. Wenn Harold etwas nicht leiden kann, dann das, als »Senior« bezeichnet zu werden. »In meiner Jugend gab es keinen solchen Schwachsinn wie den Begriff ›Generationskonflikt‹«, erklärte er mir.

Er hatte wahrscheinlich Angst, seinen Personalausweis vorzeigen zu müssen!

Die »Senioren« sollten laut Plan in einem durch Bänder abgesperrten Teil des Gottesdienstraumes zusammensitzen. Harold wollte davon nichts wissen. »Ich werde dort sitzen, wo ich immer sitze«, erklärte er mir, ehe wir das Haus verließen. Das ist der Bereich, wo die jungen Leute zu sitzen pflegen. Sie scheinen ohnehin zu meinen, unser Haus gehöre ihnen!

Jemand hielt eine nette, kleine Rede und bat anschließend die Senioren aufzustehen. Ich stand auf. Harold blieb sitzen. Die Leute klatschten alle, auch wenn einige der Senioren gerade erst standen, als wir uns wieder hinsetzen sollten.

Auf dem Heimweg hielten wir beim Eissalon an, und die jungen Leute rückten zusammen, damit wir Platz hatten. Harold machte seine Witze, und wir aßen jeder seinen Früchtebecher. Als es ans Bezahlen ging, schnappte Harold sich die Rechnung. Darüber waren natürlich alle hoch erfreut.

Liebe Do, inzwischen sind bereits wieder 14 Tage vergangen. Heute ist ein absolut trostloser Montag. Ich habe große Mühe, überhaupt irgend etwas fertigzubekommen – es ist so ein verrücktes Haus.

Auch Harold meinte, er fände das absolut nicht witzig! Aber Shawn und Eric hatten einen Riesenspaß.

Deine Briefe sind einfach großartig. Du solltest ein Buch über japanische Kultur und Kunst schreiben! Da Dir die amerikanische Kultur ja nicht unbekannt ist, kann ich Dich nur über unseren hektischen Haushalt informieren. Ein derartiges Buch braucht kein Mensch!

Eine Kirchengemeinde in unserer Stadt veranstaltete kürzlich einen »Hochzeitstag«. Alle alten und jungen Ehepaare sollten gemeinsam zu den Klängen des »Hochzeitsmarsches« in die Kirche marschieren. Wir stellten uns also in einer Reihe auf. Das einzige Problem war, daß wir unseren 6jährigen Enkel Shawn und den 4jährigen Eric bei uns hatten. Ich hatte ganz vergessen, daß »Hochzeitstag« war. Also schritten wir den langen Mittelgang hinunter, unsere beiden kleinen Enkel im Schlepptau. Als wir an einem älteren Diakon vorbeikamen, sah ich, wie seine Augenbrauen erstaunt in die Höhe gingen.

Ich beugte mich zu ihm hinunter und flüsterte:»Wir gehören zur neuen Generation. Wir bringen unsere Kinder bereits zur Hochzeit mit.«

Der Diakon fand das überhaupt nicht witzig. Eigentlich hatte er ja recht. Auch Harold meinte, er fände das absolut nicht witzig! Aber Shawn und Eric hatten einen Riesenspaß. Sie waren die einzigen Kinder, die nach dem Hochzeitsmarsch marschieren durften.

Als wir an dem Diakon vorbei waren und vorne standen, hielt der Pastor eine sehr schöne Ansprache, in der die Worte »ehren« und »gehorchen« eine Rolle spielten, und anschließend wiederholten wir gegenseitig unser Trauversprechen. Eric und Shawn taten es uns nach.

»Und nun darf jeder seine Braut küssen!« forderte der Pastor auf.

Die jungen Leute ergriffen die Gelegenheit beim Schopf und nutzten den Moment weidlich aus. Einige von den Älteren konnten sich nicht mehr erinnern und wußten nicht, was sie tun sollten. Aber Harold und ich wußten es genau! Eine herzhafte Umarmung und ein inniger Kuß bringen gewöhnlich alles wieder ins rechte Lot.

Wie Shawn zu sagen pflegt: »Ich gehe gern mit Großpapa zur Kirche. Hinterher halten wir immer bei der Eisdiele an. Was wäre ein Sonntag ohne Früchtebecher!«

In Liebe,
Deine Schwester Margaret

• • •

P.S.: Seit jenem Brief an Doris sind bereits wieder zehn Jahre vergangen. Ich habe soeben am Telefon mit ihr gesprochen. Sie hat sich überhaupt nicht verändert. Wir lachen immer noch zusammen, sogar über alte Briefe. Fröhlichkeit ist ein fester Anker und er gibt festen Halt in unserem Leben. Sie hilft uns, noch ein wenig länger an unserem Platz auszuharren. Manchmal ist bloßes Überleben schon ein Sieg.

14

Die Schüssel mit Kirschen

Nichts tut so weh wie eine zerbrochene Beziehung.

Eines von Jans speziellen Geschenken steht auf einem Regal im Gästezimmer. Es ist eine kleine Figur, ein Bauernmädchen mit Zöpfen, das auf einer Bank sitzt und eine Schüssel mit Kirschen auf dem Schoß hält. Jan liebt es, durch Märkte und Handarbeitsausstellungen zu streifen, und oft findet sie dort irgendein Geschenk, das zu meinen Geschichten paßt. Neben dem »Kirschenmädchen« steht ein Bauernmädchen mit einem altmodischen Bügelbrett. Es erinnert mich daran, was Mama oft gesagt hat: »Ja, ja, Margaret; wenn du nicht weißt, was du tun sollst, dann bügle!« Oder wie sie mich über die Jahre immer wieder ermahnt hat: »Tu etwas, Margaret. Bügle! Bügeln ist ein gutes Mittel gegen Traurigkeit.«

Wieder einmal betrachtete ich sinnend das Mädchen mit seiner Schüssel voll Kirschen. Während ich leise über die kleine Figur strich, gingen meine Gedanken zurück zu einer Frauenfreizeit im Jahr 1988.

• • •

Aus dem Fenster der Maschine schauend, sah ich Häuser, die wie Bauklötze in einer Reihe standen. Während das Flugzeug tiefer ging, kamen eine Kirche, ein Park, eine Schule und eine Fabrik in Sicht. Auf einem kleinen Hügel stand ein Krankenhaus, von dem aus man auf mehrere Parkplätze und Straßen voller Autos hinunterblickte.

Die Maschine setzte auf der Landebahn auf und rollte langsam aus. Und wieder wurde mir eine Abfertigungshalle für zwei Stunden zur zweiten Heimat. Ich mußte auf den Nordwest-Verbindungsflug nach Sault Ste. Marie warten, wo Beth und Frank Venn mich abholten und mit nach Hause nahmen.

Draußen vor dem Flughafengebäude empfing uns ein kalter Wind, der von der kanadischen Grenze her wehte.

Über der menschenleeren Landstraße hing der mitternächtliche Himmel tief herab. Er schien die Baumwipfel zu berühren, und ich konnte beinahe die Sterne greifen. Die klare Pracht der Nordlichter bedeckte die Erde wie ein Vorhang.

Frank hielt den Wagen an, und wir standen an der einsamen, von reifüberzogenen Feldern gesäumten Straße und betrachteten fasziniert die Herrlichkeit von Gottes Bilderbuch. Die Himmel erzählten uns etwas von der Herrlichkeit Gottes, und wir konnten die Gegenwart des »Wortes, das Fleisch wurde und unter uns wohnte«, förmlich spüren. Beides erblickten wir an jener verlassenen Straße.

Nach einer erholsamen Nacht im Haus der Venns wurde ich zur Lake Superior State University gebracht, wo die Frauenfreizeit stattfinden sollte. Ich liebe solche Freizeiten und auch die Frauen, denen ich dort begegne. Bei jeder Freizeit sehe ich den gleichen erwartungsvollen Ausdruck auf den Gesichtern vieler hübscher Frauen. Sie sind gekommen, um etwas zu hören, was ihre Seele aufrichtet. Ich bin jedesmal tief bewegt und weiß: »Nicht durch Macht ... sondern durch meinen Geist« (Sacharja 4,6).

Satan versucht uns, um das Schlechteste in uns an die Oberfläche zu bringen; Gott testet uns, um das Beste ans Licht zu bringen.

Während mein Blick über die Versammelten ging, sah ich in vielen Gesichtern einen echten Hunger nach Gott, ein Verlangen, Ihn besser kennenzulernen. Sie sehnten sich nach göttlicher Gnade und Kraft für die verschiedensten Bedürfnisse – und wir alle haben Bedürfnisse. Hebräer 11,6 kam mir in den Sinn: Der Herr ist ein Belohner »denen, die ihn ernstlich suchen«. Ich wußte, daß Gott Seine Verheißung wahr machen würde.

Im Lauf eines langen Lebens habe ich gelernt, daß Gottes Treue die Generationen überdauert. In einem »lebendigen Brief«, meiner norwegischen Mama, konnte ich »lesen«, daß »Gottes Liebe nie aufhört«. Durch meinen manchmal unlogischen Vater lernte ich bedingungslose Liebe und Vergebung kennen. Gottes Wege scheinen uns auch nicht immer logisch zu sein, aber wenn wir es lernen, den scheinbar unlogischen Forderungen eines irdischen Papas nachzukommen, können wir es auch lernen, Gott zu gehorchen, dessen Handeln uns in unserem begrenzten menschlichen Verstand manchmal alles andere als logisch erscheint. Gott sagt, wir sollen geben, um zu empfangen, sterben, um zu leben, unsere Feinde lieben und ihnen vergeben – alles Dinge, die, vom menschlichen Standpunkt aus betrachtet, nicht gerade logisch zu sein scheinen.

Hin und her im Land hatte ich über das Thema gesprochen:»Gott sagt:›Ich will dich als Nagel an einem festen Ort einschlagen. Bleib' an deinem Platz!‹« Hier in Lake Superior war es die gleiche Botschaft. Manchmal kommen wir uns vor wie ein krummer Nagel, leicht angerostet und ziemlich wackelig, aber Gott sagt:»Ich habe dich eingeschlagen – bleib' hängen!« Die Prüfungen des Lebens rücken dem Rost zu Leibe, ein bißchen Festklopfen im Glauben beendet das Wackeln, und der Heilige Geist, der uns leitet, macht das Krumme gerade.

Satan versucht uns, um das Schlechteste in uns an die Oberfläche zu bringen; Gott testet uns, um das Beste ans Licht zu bringen.

Manchmal ist dieser Nagel der einzige Haken, an dem man seinen Hut aufhängen kann; vielleicht auch die einzige Verbindung, die zwei Stücke Holz zusammenhält – oder eine Familie, ein Geschäft, eine Kirche oder eine Gesellschaft. Unsere Zivilisation hängt von solchen Nägeln ab, Nägeln, die an einem festen Ort eingeschlagen sind.

Manchmal erscheint einem Menschen in unserer Umgebung Gott so unendlich fern; aber er kann sich an uns hängen, bis es uns gelingt, ihn zu Gott zu führen. Am liebsten hätte ich alle diese jungen Mütter in meine Arme genommen, ihre Verletzungen gelindert, sie von den schlaflosen Nächten befreit oder ihre verschütteten Träume aufgesammelt. Allzu viele von ihnen wußten, was Ablehnung bedeutet. Allzu viele stolperten durch Säle von Tränen, auf der Suche nach einer geöffneten Tür.

Mit der ganzen Autorität der göttlichen Verheißungen und der vielen Jahre, die ich bereits mit Ihm gegangen war, schluckte ich die Tränen des Mitleids hinunter; statt dessen zeigte ich ihnen, daß mein Herz wirklich mit ihnen fühlte, und brachte ihnen so Hoffnung und neuen Mut für das Morgen.

»Du bist Gottes besonderer Nagel!« rief ich ihnen zu. »Bleib' an deinem Platz!«

Sorgenzerfurchte Gesichter sprachen von unvergossenen Tränen und zerbrochenen Träumen, von Kindern, die allzuschnell erwachsen geworden und auf Abwege geraten waren. Wie gut konnte ich diese Frauen verstehen, denn ich hatte ähnliches durchgemacht. Aus der Tiefe gemeinsam durchlebter Herzensnot heraus konnte ich ihnen voller Begeisterung versichern: »Gott ist in der Lage, weit mehr zu tun, als ihr bitten oder verstehen könnt! Er will nicht, daß ihr, eure Kinder, eure Ehe oder eure Beziehungen kaputtgehen. Er kam, um uns völlig zu erretten! Das Geheimnis liegt darin, in Jesus zu bleiben, Sein Wort in euch wohnen zu lassen und dann gemäß Seinem Willen zu beten.«

»Seid ihr Gefangene?« fragte ich. Einige der Frauen nickten bejahend. »Jesus kam, um die Gefangenen zu befreien«, erklärte ich ihnen. »Er kam, um unsere blinden Augen zu öffnen, unsere tauben Ohren aufzutun, uns ein neues Herz und einen gewissen Geist zu geben. Wir müssen zuerst glauben, danach kommt das Schauen!«

Hier und da entdeckte ich in dem großen Meer von Gesichtern auch ältere, faltige, von weißem Haar umrahmte. Sie nickten bestätigend und lächelten zuversichtlich, denn sie hatten die Treue Gottes in langen Jahren kennengelernt. Und sie waren dieser Nagel an einem festen Ort geblieben. Aber es gab auch andere, die sich vor der Zukunft fürchteten und über die Vergangenheit grämten.

»Wir sind auf dem Weg nach Hause«, erinnerte ich sie. »Unsere Gesichter sind den Lichtern zugewandt, die uns von oben entgegenleuchten. Gemeinsam müssen wir die Jungen an der Hand nehmen und nach Hause führen.«

Ich sprach über Mamas schlichten Glauben und über die wertvollen Lektionen, die sie uns anhand der alltäglichen Begebenheiten beigebracht hatte. Dann erzählte ich die Geschichte von der Schüssel mit Kirschen (aus meinem Buch *Erst mal 'ne Tasse Kaffee!*).

Ich nahm die Frauen mit zurück in den letzten langen Winter mit seinen Schneestürmen und den meterhohen Verwehungen. Wir eilten von einer Jahreszeit zur anderen, bis wir die weißen Wolken an einem strahlend blauen Himmel vor uns sahen, während der warme Sommerwind leise über die kanadische Prärie strich. In dieser wunderschönen Jahreszeit spielte die Geschichte, die ich jetzt erzählen wollte.

Ich war zehn und wartete darauf, daß meine Freundinnen kamen, um mit mir Ball zu spielen. Leise schlich ich mich in die Küche, denn ich wußte nicht, ob Mama ihr Gespräch mit Gott schon beendet hatte. Doch sie war nicht mehr in der Küche; sie hatte meine jüngeren Geschwister in den Kinderwagen gepackt und war zu einer Nachbarin gegangen.

Dann sah ich sie – die Schüssel mit Kirschen! Nie zuvor hatte ich Kirschen gesehen. Äpfel hatte ich gesehen, Äpfel mit braunen Flecken, und Apfelsinen, die in sechs Teile geteilt waren. Zu Weihnachten bekam jeder von uns einen ganzen Apfel und eine ganze Apfelsine – aber nur zu Weihnachten! Und hier vor mir auf dem Tisch stand eine ganze Schüssel voll mit Kirschen!

Als meine Freundinnen kamen, reichte ich stolz die Schüssel herum. Meine Freundinnen waren wie ich Kinder von Einwanderern, und sie hatten ebenfalls noch nie vorher Kirschen gesehen.

Als sie mich ansah, wußte ich, daß ich die
unvergebbare Sünde begangen hatte.
Ich hatte meine Mama zum Weinen gebracht!

Plötzlich hielt ich die leere Schüssel in der Hand! Gleichzeitig hörte ich, wie Mama nach Hause kam, laut das Lied singend: »Selig ist's, dem Herrn vertrauen.« Dann erblickte sie die leere Schüssel. Ihr Blick begegnete dem meinen. Unwillkürlich sah ich zur Speisekammertür hinüber.

An dieser Tür hatte Mama einen schmalen roten Lederriemen hängen. Sie hielt zudem auch ein Glas mit Rotem Pfeffer für eine freche Zunge bereit. Wenn Mama uns den Roten Pfeffer auf die Zunge streute, mußten wir zuerst einen Bibelvers auswendig lernen, bevor wir Wasser trinken durften. Aber keinen so kurzen Vers wie: »Jesus weinte.« O nein! Das ließ Mama nicht zu. Wir lernten sehr schnell, unsere Zunge im Zaum zu halten.

Der rote Lederriemen war für das entgegengesetzte Ende des Körpers gedacht. Manchmal warteten wir gar nicht erst ab, bis sie uns dazu aufforderte, sondern holten von ganz allein den Riemen herunter, denn

Mama hatte vorn, hinten und auch an den Seiten Augen. Sie wußte immer, wann wir etwas Böses getan hatten. Die Strafe folgte jedesmal auf dem Fuß. Mama brauchte nur einen Blick auf den Riemen zu werfen!

Nun hielt Mama die leere Schüssel in der Hand. Aber sie sah nicht zu dem Riemen hinüber. Sie sah mich an. Hätte sie doch bloß den Riemen angesehen ... Als sie mich ansah, wußte ich, daß ich die unvergebbare Sünde begangen hatte. Ich hatte meine Mama zum Weinen gebracht! Zum Glück war Papa wieder einmal auf Missionsreise. Wahrscheinlich stände ich heute nicht hier, um die Geschichte zu erzählen, wenn er zu Hause gewesen wäre! Er hatte uns Kindern eingeschärft, daß Gott uns Seinen besten Engel als unsere Mama gegeben habe und daß wir sie niemals zum Weinen bringen dürften. Ich war die Älteste, und man erwartete von mir, daß ich ein gutes Vorbild war. Und nun hatte ich meine Mama zum Weinen gebracht!

Die Frauen vor mir blickten mich gespannt an, während ich weitererzählte. Einige lächelten, andere getrauten sich nicht zu lächeln.

Mama sah mich an. Ich sagte ihr, was passiert war, woraufhin sie sich in ihren Schaukelstuhl setzte und sich die Schürze über den Kopf zog. Ich stürzte hinaus. Es gab nur einen einzigen Ort, wo ich hinlaufen konnte, und das war der Schuppen. Für mich war dies das Ende. Nie wieder würden wir Twetens lachen, singen oder uns gegenseitig Geschichten erzählen.

Mama saß in ihrem Schaukelstuhl, die leere Schüssel in der Hand. Ich stelle mir vor, daß sie ungefähr folgendes gesagt haben könnte: »Wie kann es sein, Herr, daß ich eine leere Schüssel in der Hand habe,

obwohl ich überhaupt keine Kirschen gegessen habe?
Ich wollte doch nur meiner Familie etwas Gutes tun!
Meistens ist das Leben so alltäglich wie Hafergrütze,
und plötzlich hat mir jemand Kirschen geschenkt. Ich
wollte meine Lieben damit überraschen. Es ging gar
nicht um mich selber!«

Weiter stelle ich mir vor, daß dieser Gedankengang
wahrscheinlich nur eine kurze Zeit gedauert hat, denn
ich kenne Mama. Wahrscheinlich hat sie dann die
leere Schüssel hochgehoben und gesagt: »Fülle meine
Schüssel mit deiner Liebe und Vergebung, Herr! Laß
nicht zu, daß die Feinde – Bestürzung, Selbstmitleid,
Groll und Nichtverzeihenwollen – bei mir die Ober-
hand gewinnen. Lehre mich deinen Weg, Herr, und
hilf mir, Margaret richtig zu erziehen.«

Ich bin ganz sicher, daß sie danach ihre Schürze
wieder heruntergezogen und den Schaukelstuhl des
Selbstmitleids verlassen hat.

Wie gesagt, während dieser Zeit saß ich im Schuppen. Aber laßt mich euch etwas sagen: Man kann
nicht ewig im Schuppen sitzen bleiben. Früher oder
später muß man wieder herauskommen!

Die Sache tat mir zudem so weh, daß ich den
Schmerz nicht länger ertragen konnte. Ich wußte, ich
mußte zurück in die Küche, zu der leeren Kirschen-
schüssel. *Kein Problem läßt sich jemals im Schuppen lösen.*

Nichts tut so weh wie eine zerbrochene Beziehung.
Egal, was es kostet – man muß zurück zu jener Weggabelung, wo die Beziehung kaputtgegangen ist.

Langsam und zögernd verließ ich den Schuppen.
Die Tür schien furchtbar schwer in den Angeln zu
hängen. Wie leicht war es gewesen, hierher zu laufen,

aber der Weg zurück war lang und mühsam. Im Herzen sang ich mein selbstgedichtetes Lied:

O Mama, Mama, nimm mich in die Arme,
So wie du es immer tust!
Mama, Mama, bitte, verzeih mir,
Bitte, laß alles wieder gut sein!

Dann sah sie mich! Sie streckte ihre Hand nicht nach dem roten Lederriemen an der Speisekammertür aus, sondern nach mir!

»O Mama, bitte, verzeih mir!« weinte ich. »Ich weiß, du hast mir oft gesagt, daß Hochmut vor dem Fall kommt, aber ich wußte nicht, daß Angeben oder Prahlen so weh tun kann. Selbst wenn ich hundert Jahre alt werde, werde ich nie wieder angeben oder prahlen. Ehrenwort!«

»Ja, Margaret, es ist gut, daß du gekommen bist, um mich um Verzeihung zu bitten. Ja, ich vergebe dir, und jetzt wollen wir Gott bitten, dir ebenfalls zu vergeben.« Ihr Gebet war spontan und einfach. »Und nun laß uns einen Apfelkuchen backen. Du kannst die braunen Stellen ausschneiden, während ich den Teig ausrolle. Die Bibel sagt, daß uns alle Dinge zum Besten dienen. Vielleicht ist dies eine Lektion für dein ganzes Leben!«

Normalerweise haßte ich es, die braunen Stellen auszuschneiden, aber heute war ich glücklich über diese Arbeit. Mama sang wieder. Der Kuchen war im Ofen, und irgend jemand wollte zum Kaffee kommen. Über die Jahre habe ich festgestellt, daß das Leben mehr Äpfel mit braunen Stellen hat als Kirschen!

Ich betrachtete die lieben Frauen vor mir. Dann schloß ich mit dem Aufruf, aus dem Schuppen des Nichtvergebenwollens, des Grolls, der Verletzung und der Schuld herauszukommen. »*Kein Problem wird jemals im Schuppen gelöst*«, wiederholte ich eindringlich. »Gott wird Seine Hand nicht nach dem Riemen an der Speisekammertür ausstrecken, sondern nach dir. Er sagt in Seinem Wort, daß Er uns mit ewiger Liebe liebt. Die Weggabelung ist das Kreuz von Golgatha. Du darfst nach Hause kommen!«

Wir versammelten uns zu unserer letzten gemeinsamen Mahlzeit. Ironischerweise gab es zum Nachtisch warmen Apfelkuchen, und eine der Frauen rief laut: »Wir sind die ganze Nacht aufgeblieben, um die braunen Stellen auszuschneiden! Irgend jemand hat die Kirschen gegessen!«

Die Freizeit war zu Ende. Koffer und Abschiedsgrüße füllten die Eingangshalle. Lachend und winkend stieg ich ins Auto, um mich auf schnellstem Wege ins Gefängnis fahren zu lassen – nicht, um dort einzusitzen, sondern um zu sprechen!

15

Im Gefängnis

---

*Selbst die dicksten Gefängnismauern können
Gottes Liebe nicht aussperren.*

Wie eine gewaltige Festung ragten die Gefängnismauern vor uns auf. Dies war der Ort, den meine Freunde, Frank und Beth Venn, regelmäßig aufsuchten, um »ihren Jungs« die Liebe Christi nahezubringen.

Während wir im Wartesaal saßen, sah ich zu, wie der Raum sich immer mehr mit Kindern, Müttern und Ehefrauen der Gefangenen füllte. Trotzdem war der Geräuschpegel sehr gedämpft, die Gesichter ernst.

Endlich konnte ich den Sicherheitsposten passieren (meine Haarnadeln hielten den »Pieper« beschäftigt!). Dann wurden wir in die Kapelle geführt.

In der Stille des Raumes wurden zu beiden Seiten des Kreuzes Kerzen angezündet. Ein junger Häftling spielte bekannte Kirchenlieder. Durch meine Tränen hindurch sah ich im Geist einen kleinen Jungen vor mir, der mit Hingabe auf dem Klavier übte, während seine Mutter strahlend vor Stolz danebenstand. *Was*

mag bloß zwischen seiner Kindheit und heute geschehen sein? fragte ich mich. Der junge Mann saß bleich und ruhig am Klavier und spielte.
Ein anderer Gefangener stand auf, um den Gesang zu leiten.

Bleib Du bei mir, der Abend naht so schnell ...
Im Tod, im Leben, Herr, bleib Du bei mir!

Ein großer schwarzer Mann mit einer Mütze auf dem Kopf las stotternd ein Gebet vor. Bestimmt brauchte es eine gehörige Portion Mut, vor so vielen Leuten zu stehen, auch wenn das Gebet »vorgefertigt« war. Es sah so aus, als würde er sich auf einem Basketballfeld mehr zu Hause fühlen.
Als nächstes kamen die Fürbittegebete. Ein junger Insasse wiederholte die Bitten, während ein anderer die Namen aufschrieb:
»Betet für meine Mutter.« Eine kräftige, ernst klingende Stimme.
»Vergeßt meine Kinder nicht.« Die Besorgnis in der Stimme dieses Mannes war nicht zu überhören.
Ein junger Mann rief: »Betet für meine Großmutter.«
Ein Älterer bat mit belegter Stimme: »Betet für meine sechs Söhne.«
Mein Herz krampfte sich zusammen. Betete er, daß seine Söhne nicht in seine Fußstapfen treten möchten?
Stockend las der junge Mann die Liste noch einmal vor: Joes Kinder, Bills Großmutter ... Eine zitternde Stimme unterbrach ihn: »Mein 2 Jahre alter Sohn hat ... Leukämie. Bitte, betet ...«
Das nächste Lied hieß:

Laß mich immer mit Dir gehn,
Laß mich Deinen Willen sehn ...

Es wurde einstimmig gesungen. Meine Kehle war wie zugeschnürt. *Ob ich überhaupt reden kann?* fragte ich mich.

Dann erklang plötzlich mein Name; ich wurde mit den Worten vorgestellt: »Heute haben wir eine Geschichtenerzählerin unter uns, Margaret Jensen.«
Ich ging nach vorne und drehte mich um, um meine Zuhörer anzusehen. Ich blickte in die vielen Gesichter, sah den Ausdruck in ihren Augen ...
»Es sieht fast so aus, als könnte ich von jedem hier die Großmutter sein«, begann ich. »Deshalb werde ich euch einfach alle adoptieren.«
Ein kurzer, spontaner Beifall – man schien mich akzeptiert zu haben.
Ich erzählte ihnen von dem kleinen Haus in Kanada, dem Schuppen mit den Gardinen und davon, wie ich meinen Schlitten gezogen hatte, um billig Lebensmittel einzukaufen, auch Hundeknochen für eine Suppe. Ich sprach darüber, wie wir Twetens dreimal am Tag Hafergrütze gegessen hatten und wie eine Apfelsine in sechs Teile geteilt wurde.

Gott wird Seine Hand nicht nach dem Riemen an der Speisekammertür ausstrecken. Er wird sie nach dir ausstrecken, denn Er liebt dich und ist bereit, dir zu vergeben.

Ein leises Lachen verriet mir, daß sie tatsächlich meine Adoptivkinder waren. Dann erzählte ich ihnen von der Schüssel mit Kirschen und daß nichts so weh tut wie eine zerbrochene Beziehung. Selbst ein König –

König David – hatte sich draußen im Schuppen wiedergefunden. Er besaß alles, doch seine Sünde hatte das Angesicht Gottes vor ihm verhüllt, so daß er sich im Schuppen der Verzweiflung und Reue versteckte. »Erschaffe in mir, Gott, ein reines Herz«, schrie er, »und erneuere in mir einen festen Geist ... Laß mir wiederkehren die Freude deines Heils!« (Psalm 51, 12,14). Selbst ein König konnte nicht mit der zerbrochenen Gottesbeziehung leben. Er fand sich im Gefängnis des Bedauerns wieder.

Kein Problem wird jemals im Schuppen gelöst. Wir müssen zu der Kreuzung zurückkehren, an der wir den verkehrten Weg eingeschlagen haben.

Aller Augen waren auf mich gerichtet, als ich fortfuhr: »Diese Wegkreuzung ist das Kreuz, an dem Jesus hing – wo Er Seine Arme voller Liebe nach *dir* ausgestreckt hat.«

Als ich sang: »Vater, Vater, bitte, vergib mir«, weinten einige. Dann fuhr ich fort: »Gott wird Seine Hand nicht nach dem Riemen an der Speisekammertür ausstrecken. Er wird sie nach dir ausstrecken, denn Er liebt dich und ist bereit, dir zu vergeben. Komm nach Hause! Wir können alle am Fuß des Kreuzes neu beginnen. ›Am Kreuz ist noch Raum für dich. Millionen sind bereits gekommen, doch es ist immer noch Raum für einen ...‹«

Als ich wieder Platz nahm, stand ein schwarzer Gastprediger auf und griff das Thema auf. Er erzählte von seiner eigenen Mama, die für ihre neun Kinder gebetet hatte, aber einer von ihren Söhnen wollte nicht hören. Eines Tages, als er sterbenskrank daniederlag, hörte er endlich doch. Zu guter Letzt fanden alle neun Kinder seiner Mama heim zu Gott.

Die Gefangenen kamen nach vorn zum Altar, schwarz und weiß, die Arme umeinander geschlungen. Wir beteten und weinten miteinander.

Der schwarze Prediger umarmte mich, und ich umarmte jeden einzelnen zum Abschied. *Meine Jungs. Meine Adoptivsöhne.*

Gottes Geist würde das übrige tun. Gott hatte Nägel wie Chuck Colson, wie meine neuen Freunde Frank und Beth und Hunderte von anderen eingeschlagen, alle an einem festen Ort. Selbst die dicksten Gefängnismauern können Gottes Liebe nicht aussperren, und Seine Kraft hält alle diese Nägel fest an ihrem Platz.

• • •

Es war an der Zeit, nach Hause zu fahren. Jedesmal, wenn ich mich von alten und neuen Freunden verabschieden muß, denke ich an das Lied: »Wenn wir ziehen in den Himmel, welch ein Tag voller Jubel wird das sein!«

Das Dröhnen der Flugzeugmotoren vermischte sich mit dem klickenden Geräusch der Sicherheitsgurte und den Instruktionen aus dem Cockpit. Ich sah zu, wie die Sonne am Horizont aufging, wie sie langsam über den mit Reif bedeckten Feldern immer höher stieg und schließlich alles ins Licht eines herrlichen neuen Tages tauchte. Der Reif auf den Feldern verschwand unter den goldenen Strahlen der Sonne, die sich in den tiefblauen Wassern des Nordens widerspiegelte.

Wie Finger schienen manche Inseln in die Seen hineinzuragen, gierig nach den Geheimnissen einer weit zurückliegenden Zeit greifend, als Indianer in ihren Kanus übers Wasser glitten und Trapper in Pelzklei-

dung bis zu den Grenzen des Landes vorstießen.
Nach ihnen kamen die Soldaten – und mit ihnen das
Schweigen.

In Gedanken sah ich, wie der Schnee auf die Brücke
fiel, die Kanada und die Vereinigten Staaten miteinander verbindet – eine Erinnerung an die Liebe Gottes, die uns alle mit einer Decke der Reinigung und
Vergebung zudeckt.

So wie die Brücke zwei befreundete Völker zusam-
menbringt, verbindet der Glaube die sichtbare mit der
unsichtbaren Welt. So wie die Brücke den Reisenden
Halt bietet, bietet der Glaube uns auf unserer Lebens-
reise Halt. Durch Glauben werden wir stark; deshalb
ist auch die Erprobung unseres Glaubens so kostbar.
Die Krisen des Lebens bringen diesen Glauben ans
Licht.

Ich staune über Gottes Gnade, daß die gleiche Botschaft Seiner vergebenden Liebe die Herzen zweier
total entgegengesetzter Zuhörergruppen erreichen
kann: Frauen auf einer Freizeit genauso wie eine
Schar einsamer Männer im Gefängnis.

Irgendwann im Leben verstecken wir uns alle un-
ter der Schürze der Enttäuschung oder laufen in den
Schuppen der Verzweiflung, um uns vor einer zerbro-
chenen Beziehung zu verbergen. Ein einziger Schritt
des Glaubens kann uns aus dem Schuppen der Bitter-
keit, des Grolls, der Unversöhnlichkeit und der
Schuld herausbringen. Ob Kind oder König – der
Schmerz ist der gleiche. Wir können nicht mit diesem
Schmerz im Herzen leben. Wir müssen zurück zur
Wegkreuzung.

Der Stolz mag sich einen kurzen Augenblick in der
Sonne erfreuen, aber mit der Herrlichkeit ist es schnell
vorbei, und dann kommt die Wolke der Bedrückung.

Wir müssen schleunigst zum Kreuz gehen, denn dort am Kreuz wird uns die Last von den Schultern genommen.

Oswald Chambers schreibt:»Mitten im Weg des gottlosen Menschen ragt plötzlich das gewaltige Andengebirge göttlicher Gerechtigkeit empor, das kein Sünder je besteigen kann.«

Von seiner Schuld überwältigt, ruft er aus:»Was kann meine Sünde wegwaschen?«

Die Antwort kommt direkt vom Herzen Gottes: »Allein das Blut Jesu Christi.«

Der Weg zum Kreuz führt nach Hause.

• • •

P.S.: Ich schaue mein Kirschenmädchen auf dem Regal an und weiß, daß ich auch in diesem neuen Jahr die Geschichte von der Schüssel mit Kirschen wieder erzählen werde. Ich werde von neuem meinen Koffer packen und Menschen begegnen, die mich mit erwartungsvollen Gesichtern anblicken. Sie warten nicht auf mich, sondern darauf, daß Gott sie berührt.

»Begegne deinem Volk ganz neu, o Herr, und laß Ströme des Segens auf unser durstiges Land fallen. Wir warten auf dich.«

16

Das Immergrün

Gott hat immer einen schönen Tischschmuck,
solange Er Seine »immergrünen Leute« hat.

Ich schaute aus dem Fenster meines Büros und sah, wie die Sonne mit ihren wärmenden Strahlen den kahlen Winterboden beschien. Dann überlegte ich, was als nächstes zu tun sei. Angesichts der zahlreichen gelben Briefblöcke und Stifte auf meinem Schreibtisch konnte es darüber eigentlich keinen Zweifel geben. Vier Stunden später konnte ich jedoch nicht anders: ich mußte meinen Stift mit einer Hacke vertauschen. Schnell zog ich meinen roten Jogging-Anzug mit der hübschen, gestickten Gans an und kniete nieder, um ein Beet für meine Blumenzwiebeln vorzubereiten. Trockene Blätter, Unkraut und dürre Zweige wurden beseitigt. Der Boden wurde umgegraben und glattgeharkt, um ein weiches Bett zu bereiten; anschließend wurden die Reihen für die Tulpenzwiebeln gegraben. Es scheint mir, als würde die Vorbereitung des Bodens immer viel länger dauern als das eigentliche

Pflanzen. Und das Gießen und Unkrautjäten nimmt
schier kein Ende. Wenn ich aber die roten, gelben
und purpurnen Tulpen wie Zaunpfähle in einer Reihe
stehen sehe, weiß ich, daß ich die ganze Sache im
nächsten Jahr wieder tun werde.

Ihre leuchtenden Blütenkelche heißen den Frühling
willkommen. Dann ziehen sie sich wieder für ein ganzes Jahr zurück, genau wie manche Leute, die ich
kenne – schön, leuchtend und strahlend, aber eben
nur für eine Zeit.

Mit der gleichen Sorgfalt widme ich mich meinen
Rosenstöcken. Ich beschneide, veredle und pflege sie,
denn wenn sie blühen, ist die ganze Luft mit ihrem
lieblichen Duft erfüllt. Die Knospen öffnen sich langsam zu einem Rausch von Farbe und Duft, der meinen Garten zu einer seltenen Kostbarkeit macht, die
sorgsam gepflegt werden will.

Auch meine Rosen erinnern mich an Menschen.
Edel, elegant, anmutig und gelassen, bringen diese
ganz besonderen »Gewächse« in Gottes Garten Duft
und Farbe in eine dunkle, schmutzige Welt hinein.
Ich könnte sie direkt beneiden!

Dann ist da noch das Immergrün, das ich ganz besonders liebe. Es sprießt mit einem förmlichen Le-
benshunger hervor, drängt mit schierer Willenskraft
das Unkraut beiseite und reckt fröhlich seine rosafar-
benen, blauen oder weißen Blütenköpfe empor. Es
umrandet die häßlichen Stellen und füllt die kahlen
Flecken aus. Ich kann es pflanzen oder verpflanzen,
kann es in die Sonne oder in den Schatten setzen. Meinen Blümchen ist das ganz egal; sie blühen einfach
weiter.

Wenn ein kalter Wind weht, gräbt das Immergrün
seine Wurzeln um so tiefer ins Erdreich. In der Glut-

hitze des Sommers wartet es geduldig auf Regen. Wenn andere Blumen schon längst erschöpft die Köpfe hängen lassen, kann ich immer noch einen schönen Tischschmuck aus meinem treuen Immergrün machen. Und wenn der Winter mit seiner Kälte Einzug hält, sind diese Pflanzen die letzten, die sich verkriechen.

Während ich so im Garten kniete, wurde ich an meine morgendliche Bibellese aus dem Propheten Jesaja erinnert: »Als ich dich pflanzte, wählte ich meinen Samen sehr sorgfältig aus – den allerbesten« (Jeremia 2,21, Hoffnung für alle).

Während ich hackte und Unkraut zupfte, dachte ich darüber nach, daß Gott Menschen pflanzt, so wie ich meine Blumen pflanze. Er pflanzt die Tulpenmenschen für eine bestimmte Zeit. Er pflanzt die Rosenmenschen, damit sie Schönheit und Duft verbreiten. Und was ist mit den ganz gewöhnlichen Leuten, den immergrünen Pflanzen? Auch sie pflanzt Gott, denn genau wie ich braucht Er sie manchmal als Tischschmuck, wenn alle anderen Blumen verwelkt sind. Es sind die sanften, freundlichen Menschen, Nägel an einem festen Ort, und sie haben es gelernt, *treu an ihrem Platz zu bleiben!*

Über ganz Kanada und die Vereinigten Staaten verstreut, habe ich diese wunderschönen »Nägel« getroffen. Einer davon saß im Rollstuhl und leitete eine erfolgreiche Buchhandlung mitten in der Prärie. Ich lernte eine junge Frau aus Alaska kennen, deren Ehemann ums Leben gekommen war. Sie war aus tiefer Verzweiflung als Siegerin hervorgegangen.

An der Westküste war es Onkel Karl, der mich beeindruckte: ein Mann in den Achtzigern, der allein in dem von ihm gebauten Haus lebte und in dem See

angelte, den er selber angelegt und mit Fischen be-
setzt hatte. Es war ein Vergnügen, ihm zuzuhören,
wenn er von der Goldsuche in Alaska erzählte, von
Beinahe-Zusammenstößen mit Bären und von Wegen,
die vor ihm noch keiner gegangen war. Aus seinen
Geschichten hätte man einen Kinofilm drehen können, der bestimmt preisgekrönt worden wäre. Onkel
Karl sagte mir: »Ich stehe auf der Veranda und höre
auf das Rauschen des Windes im Wald. Die Vögel singen fröhlich. Die Sonne scheint mir warm ins Gesicht.
Wie schön ist doch das Leben!« Jetzt sind seine Augen
blind, aber er sieht die Welt mit seinem Herzen.

Gott hat Seine besonderen Nägel manchmal aber
auch an seltsamen Orten. In Buffalo/New York studierte ich gerade den Busfahrplan nach Niagara/Ka-
nada. Ein freundlicher Taxifahrer hielt neben mir und
sagte: »Hallo, meine Dame, der Bus kommt erst in
einer Stunde, und dann brauchen Sie ja immer noch
ein Taxi zum Hotel. Ich kann Sie gleich dorthin bringen und Ihnen, wenn Sie möchten, auf dem Weg auch
noch die Niagarafälle zeigen.«

»Ein solches Angebot kann ich mir nicht entgehen
lassen«, erwiderte ich und kletterte auf den Rücksitz.
Das Taxi fuhr los, und mein Abenteuer mit Joe begann. »Ich liebe meinen Beruf«, rief er mir über die
Schulter zu. »Dabei trifft man Leute aus aller Herren
Länder und lernt immer etwas Neues. Kann mir
nichts Besseres vorstellen.«

»Geliebt zu werden und Vergebung zu erfahren,
ist besser, als im Lotto zu gewinnen.
Sagen Sie das ruhig den Frauen!«

Ich staunte, wie er sein Fahrzeug sicher durch den dicksten Verkehr lenkte, genauso mühelos, wie ich mich in meinem Garten bewege.

»Was machen Sie denn? Sind Sie zu Besuch hier oder geschäftlich?« wollte er wissen.

»Ich bin Schriftstellerin und Rednerin. Ich soll auf einer Frauenfreizeit sprechen. Ungefähr 600 Frauen kommen da zusammen, auch viele aus Jamaika.«

»Mann, das ist prima. Was erzählen Sie denen denn?«

»Ich sage ihnen, daß Gott sie liebhat und daß Er einen ganz bestimmten Plan mit ihrem Leben verfolgt.«

»Tatsächlich? Das ist toll! Schon mal was von dem Kerl in der Bibel gehört, der alles nahm, was er kriegen konnte, und es dann sinnlos verpulverte? So ein Schwachsinn! Wissen Sie was? Das ist haargenau meine Geschichte. Ich bin auch von zu Hause abgehauen, hab' echt Mist gebaut, aber mein alter Herr hat auf mich gewartet. Er hat mich aufgenommen, mir zu essen gegeben und mich gepflegt – Mann, war mir elend! Aber mein Pa hat mich aufgenommen. Soll ich Ihnen mal was sagen? Geliebt zu werden und Vergebung zu erfahren, ist besser, als im Lotto zu gewinnen. Sagen Sie das ruhig den Frauen!«

Ich versprach es ihm und tat es dann auch.

Auf dem Weg von den Fällen zum Hotel sagte Joe: »Ich fahre mit meiner Tochter nach Disney World. Sie wird 14, und das ist mein Geburtstagsgeschenk für sie.« Er hielt den Wagen am Straßenrand an. »Da sind wir«, verkündete er. »Ich sorge dafür, daß Sie in Ihr Zimmer kommen. Die Kerle sollen ja gut auf Sie achtgeben! Ich merke, daß Sie eine besondere Frau sind.«

Als ich die Fahrt bezahlte, gab ich Joe zusätzlich einen größeren Betrag. »Das ist für Ihre Reise«, sagte ich.

»Oh, aber das ist doch nicht nötig. Im Ernst, das brauchen Sie wirklich nicht zu tun! Aber – ich weiß, wo man eine gute Pizza bekommt. Wir gehen zusammen essen – ich bezahle für Sie. Ehrlich!«

Zu gerne hätte ich Joes Einladung angenommen. (Im Ernst!) Aber leider mußte ich sein Angebot ausschlagen, weil ich mich auf die Versammlung vorbereiten mußte.

Ich verabschiedete mich und wünschte Joe Gottes Segen. Ich versprach, ihm einige von meinen Büchern zu schicken, auch eins mit meinem Autogramm für seine Tochter zum 14. Geburtstag.

Er grinste mich an und sagte: »Vergessen Sie nicht, was ich gesagt habe – geliebt zu werden und Vergebung zu erfahren, ist besser, als im Lotto zu gewinnen. Sagen Sie das den Frauen!«

Wo ich auch bin, überall treffe ich solche besonderen Menschen, die an dem Platz blühen, wo Gott sie gepflanzt hat, und die treu an dem Platz bleiben, den Er ihnen zugewiesen hat.

• • •

P.S.: Gott hat immer einen schönen Tischschmuck, solange Er Seine »immergrünen Leute« hat.

17

Fünf Zentner Mais

Leben ist das, was einem widerfährt,
während man etwas ganz anderes plant.

Es dauerte lange, bis ich meine Lektion über das Maispflanzen gelernt hatte. Nach meiner Methode kostete jeder Maiskolben ungefähr 2 Dollar. »Überlaß das doch den Experten«, riet Harold mir. Schließlich gab ich klein bei und richtete meine Aufmerksamkeit gezielt auf den Blumengarten.

Eines Tages erschien unser Sohn Ralph mit einer großartigen Neuigkeit. »Herr G. hat einen phantastischen Garten, und wir können bei ihm Mais kaufen. Wieviel soll ich nehmen?«

»Soviel er übrig hat«, erwiderte ich. Und schon war Ralph fort. Ich hätte besser etwas vorsichtiger sein sollen.

Ich hatte die Geschichte schon beinahe vergessen, als ich meine Kopie eines weiteren verrückten Briefes fand, den ich an meine Freundin Steiny geschrieben hatte.

7.10.1980

Liebe Steiny,

ich hoffe, daß es Dir und Deiner Familie gut geht. Bei uns war mal wieder das reinste Chaos. Ich war so dumm, Ralph zu sagen, er solle allen Mais kaufen, den Herr G. nicht selber brauchte. Was meinst Du? Er kam mit einer ganzen Fuhre von fünf Zentnern Mais an!

Es war Samstag, und das hieß, daß wir uns alle auf den Sonntag vorbereiten mußten.

Während Shawn »verletzt« auf dem Rasen lag, beschloß Sarah, einen Striptease vorzuführen.

Ich rief Chris an, und die ganze Sippe kam rüber. Harold hatte bei fast 40 Grad im Schatten angestrichen und sich gerade in einen Liegestuhl unter einem Baum gelegt, ein Stück eisgekühlte Melone in der Hand.

Da kam Ralph mit dem Mais! Wir installierten umgehend eine »Fertigungsstraße«. Die Männer schälten den Mais. Chris und ich wuschen ihn, und Shawn zog die Fäden ab. Etwa um diese Zeit krabbelte die einjährige Sarah in den Schuppen und bediente sich dort mit Kalk und Dünger. Wir erwischten sie gerade noch, bevor sie etwas davon essen konnte, und spritzten sie mit dem Gartenschlauch ab.

Die Jungen gerieten in Streit über die Frage, wer von ihnen mehr Mais saubergemacht hatte. Dann schnitt Shawn sich in den Finger. Er ließ sich der Länge nach auf den Rasen fallen, so wie die Fußballer es tun, und wartete darauf, daß jemand mit einer Trage käme, um ihn ins Krankenhaus zu bringen. Aber es kam keiner. Während Shawn »verletzt« auf dem Rasen lag, beschloß Sarah, einen Striptease vorzuführen. Sie schlängelte sich aus ihrer Windel heraus und hob triumphierend ihr Hemd hoch, um uns ihren nackten Po zu zeigen. Eric nahm den Wasserschlauch und begoß alles, nur nicht den Garten.

Chris schüttete die Maiskolben in kochendes Wasser, dann kühlten wir sie mit Eis und füllten sie in Plastikbeutel. Das Eis ging uns aus! Und ich hatte keinen Platz mehr in der Gefriertruhe. Chris sprang ins Auto, schaffte Platz in ihrer eigenen Gefriertruhe und brachte Eis von daheim mit. Was für ein Glück, daß sie nur eine Straße weiter wohnt!

Aber dies war Sarahs Tag! Sie entdeckte die Tomaten und fing an, damit zu werfen: »Ball! Ball!« Doch keiner wollte fangen. Statt dessen schnappten wir sie, aber erst, nachdem wir auf den Tomaten ausgerutscht waren. Den Rest konnten wir gerade noch einmachen – ca. 9 Kilogramm.

Sarahs Tatendurst war indessen noch längst nicht gestillt. Sie entdeckte die Zuckerdose und schaffte es irgendwie, auf den Tisch zu klettern und sich daran gütlich zu tun. Bei ihrem Tomaten-Popo und dem klebrigen Zuckergesicht blieb uns nichts anderes übrig, als sie in die Badewanne zu stecken – doch sie hatte bereits die Shampooflasche darin ausgeleert. Sie fühlte sich offensichtlich pudelwohl – überall Seifenblasen!

Sauber gebadet, mit frischer Windel und mit ihrem süßesten Lächeln sah sie anschließend aus wie ein Engel – so lange, bis sie eine Pflaume fand. Wir dachten schon, sie würde bluten, aber ihr spitzbübisches Grinsen verriet sie.

Chris rief:»Jemand soll gefälligst das Kind nehmen!« Aber keiner wollte es haben.

Opa sagte:»Geh zu Oma.«

Oma sagte:»Geh zu deinem liebsten Papi.«

Ralph sagte:»Siehst du nicht, daß ich Mais schäle? Geh zu deinem großen Bruder Shawn.«

Shawn hob seinen verletzten Finger hoch und hielt sie sich so vom Leib.

Eric war mit dem Gartenschlauch beschäftigt.

Mit vereinten Kräften gelang es uns, beide Gefriertruhen mit Mais zu füllen, die Tomaten einzumachen und anschließend die Küche zu säubern. Es war 10 Uhr abends.

Sarah, die gewöhnlich früh ins Bett mußte, saß strahlend am Tisch und labte sich an einem Stück Wassermelone.

Die Kinder wurden nochmals abgeduscht und durften Opas T-Shirts anziehen. Die beiden Buben jammerten:»Wir wollen hier schlafen!«

Chris wollte erst mal 'ne Tasse Kaffee, und ich auch.

Inzwischen war Sarah, den Daumen im Mund, an Ralphs Schulter eingeschlafen. Dies war ihr Ausgeh-Abend gewesen, den würde sie bestimmt nicht so bald vergessen.

Wir auch nicht!

Irgendwo las ich einmal den Satz:»Leben ist das, was einem widerfährt, während man etwas ganz anderes plant.«

Glaub mir, Steiny, *so* hatten wir diesen Tag wirklich nicht geplant, aber wenn du genauso herzlich darüber lachen kannst wie wir (nachdem alles vorbei war!), war er vielleicht doch in Gottes Plan. Zumindest hat uns dieser Tag wieder einmal gezeigt, daß Gott uns alle Dinge, sogar fünf Zentner Mais, zum Guten mitwirken läßt. Die Gefriertruhe ist voll, und Sarah hatte ihren Spaß draußen in der Sonne.

Liebe Grüße an die ganze Familie,
Margaret

• • •

P.S.: Mittlerweile ist Sarah zehn Jahre alt und spielt Basketball mit der Leichtigkeit einer Ballettänzerin. Sie schmückt sich mit Schleifchen und Spitzen für einen Klaviervortrag, sitzt in der Kirche ganz dicht neben Opa und freut sich anschließend königlich auf das gemeinsame Mittagessen.

»Für mich ist der Sonntag das Allerschönste«, verkündete sie neulich begeistert. »Wenn wir als ganze Familie dichtgedrängt um den Eßzimmertisch sitzen und alle gleichzeitig reden – das ist für mich das Allerschönste!«

Harold lächelte mir zu, und ich erwiderte aus tiefstem Herzen: »Für mich auch!«

18

Das Tagebuch

Was wir Gott gestatten, in unser Herz zu schreiben,
wird durch unser Leben herauskommen –
und durch unsere Feder. Wir haben kein Recht,
gehört zu werden, ehe wir von Gott gehört haben.

Ich stand vorne in einem Klassenraum des Wheaton College. Es fand gerade eine Konferenz für Schriftsteller statt, und ich sollte einen Workshop über das Thema »Wie man Tagebuch führt« halten.

Die Plätze füllten sich rasch, und das Geräusch von Notizbüchern und Stiften vermischte sich mit den fröhlichen Begrüßungen. Bevor ich mit dem Unterricht anfing, sagte ich:»Ich glaube, wir sollten unseren Workshop zunächst mit einem Gebet beginnen.«

Man hörte ein kurzes Füßescharren, während die Teilnehmer sich erhoben, dann war es still. Ich sprach eines von Mamas norwegischen Gebeten: einfach, ehrlich und geradeheraus, so wie es mir ums Herz war.

Ich sagte amen, lächelte und gab zu:»Jemand hat mir gesagt, daß eine bestimmte Zeitschrift einen guten Artikel darüber herausgebracht hat, wie man Tagebuch führt. Den sollten Sie lesen und mir dann geben. Ich muß gestehen, ich weiß überhaupt nicht, wie man Tagebuch führt.«

Einige zogen erstaunt die Augenbrauen hoch, dann gab es allgemeines Gelächter. »Während meiner Schulzeit habe ich so etwas wie ein Tagebuch geführt«, fuhr ich fort. »Darin ging es jedoch vorwiegend um die schrecklich wichtigen Liebesaffären von Zwölfjährigen, nämlich darum, wer Marys Büchertasche getragen hatte oder wer gerade in John verliebt war. Hier und da gab es auch ein sentimentales Gedicht zwischen den Notizen.

Aber ein richtiges Tagebuch? Meines ist eher ein Bericht über meinen Glaubensweg, meinen Wandel mit Gott.«

Ich erklärte meinen Zuhörern, daß ich, wenn im Leben alles glatt läuft, meistens überhaupt nichts in mein Tagebuch schreibe. Erst aus der tiefsten Not heraus kommen Worte der Ermutigung geflossen, wunderbare Worte des Lebens.

Papa hielt zwei Paar hohe Knopfschuhe in der Hand,
das eine schwarz und das andere braun.
»Schau her, Margaret«, rief er. »Hier sind Schuhe für
dich!« Mich schauderte!

Es gibt Zeiten, da erklimmen wir den höchsten Berg und träumen den unmöglichsten Traum, aber wir lernen nicht allzuviel da oben auf dem Berg. Die Aussicht mag prachtvoll sein, der Traum erhebend, aber wirklich lernen tun wir im Tal. Dann fangen wir an zu schreiben.

Das ist die Zeit, wenn das Wort Gottes zum lebendigen Wort wird und wir uns Daten und Begebenheiten notieren oder einen Bibelvers anstreichen. Jahre später lesen wir das Geschriebene nochmals, und unser Herz jubelt.

Jesus führt mich allerwegen.
Seele, was verlangst du mehr?

Meine Tagebuchaufzeichnungen sind zu Büchern geworden. Aus den wichtigen Lektionen in Mamas Küche entstand *Erst mal 'ne Tasse Kaffee!* Eine dieser Lektionen habe ich nie mehr vergessen, die mit den hohen Knopfschuhen.

Die alljährliche Missionskiste war angekommen, und Papa hielt zwei Paar hohe Knopfschuhe in der Hand, das eine schwarz und das andere braun. »Schau her, Margaret«, rief er. »Hier sind Schuhe für dich!«

Mich schauderte! Schnürhalbschuhe waren »in« – hohe Knopfschuhe dagegen »out«. Papa wußte das natürlich nicht. Und Mama hielt es nicht für wichtig.

Mama sah zuerst die Schuhe, dann mich an. »Wir haben für Schuhe gebetet, und Gott hat unser Gebet erhört, Margaret«, sagte sie. »Vielleicht nicht so, wie du es dir vorgestellt hast, aber Er hat uns die Schuhe geschickt.« Sie schob die Schuhe in meine Richtung. »Trage deine Schuhe mit einem dankbaren und bescheidenen Herzen. Vielleicht wird dies für dich eine der wichtigsten Lektionen. (Das sagte Mama bei fast allen Gelegenheiten!) Es ist nicht so wichtig, was du an deinen Füßen trägst, sondern wohin du deine Füße lenkst.«

Jetzt, sechzig Jahre später, erzähle ich meinen Zuhörern diese Geschichte.

Aus der »Lebenskiste« kommen die hohen Knopf-schuhe hervor – die Verletzungen, die Ablehnung, der Verlust und das Herzeleid. Es ist nicht so wichtig, *was* geschieht, sondern *wie* wir die Schuhe tragen, wie wir die Schwierigkeiten des Lebens ertragen und wohin wir mit Gott gehen. Gott ist in der Lage, alles Herze-leid, das aus der Lebenskiste herauskommt, zu neh-men und etwas Schönes daraus zu machen.

Mein Vater befahl: »Du trägst die Schuhe!«

Ich hatte keine andere Wahl.

Mama sagte: »Trage deine Schuhe mit einem dank-baren und bescheidenen Herzen.«

Diesmal konnte ich wählen – nämlich, *wie* ich die Schuhe tragen würde.

Gottes Geschenk an mich war das Geschenk der Erlösung. Gott hatte mich so sehr geliebt, und ich hatte es geglaubt. Was konnte ich Gott geben? Nichts anderes als mein Vertrauen angesichts eines scheinbar nicht erhörten Gebets.

Wir müssen an Gott abgeben,
was wir nicht verstehen.

Die Schuhe mußte ich tragen, ob ich wollte oder nicht. Aber ich konnte mich entscheiden, ob ich sie mit einer versteckten inneren Rebellion oder mit einem dankba-ren, bescheidenen Herzen tragen würde. Ich ent-schied mich für das dankbare Herz, und das war mein Geschenk an Gott.

Um meine Stimmung zu verbessern, dichtete ich ein Lied. Die Worte drückten das aus, was in meinem Herzen war, und ich erfand dazu eine einfache Melo-die.

Kleines Mädchen, kleines Mädchen
mit den hohen Knopfschuhen,
weine doch nicht,
wenn sie nicht so sind, wie du wolltest.
Denke daran, du bist mein Kind.
Vertraue mir einfach, Schritt um Schritt.

Die Jahre gingen ins Land, und die Glaubensproben blieben nicht aus. Doch dann brach echte Not über uns herein. In unseren Herzen war dunkler Winter, als unser jüngster Sohn Ralph sich gegen Gottes Autorität auflehnte. Wieder wurde meine Bibel mit Tränen benetzt und mit Randbemerkungen versehen, und die Seiten meines Tagebuchs waren voll – zunächst mit der Schilderung meiner großen Not und dem Aufschrei meines Herzens zu Gott, dann mit Worten der Hoffnung, der Ermutigung und des Glaubens. Und schließlich mit dem Zeugnis eines Sohnes, der Befreiung erlebt hatte.

Aus diesem Tagebuch entstand das Buch *Lena*. Immer noch erhalte ich Briefe und Telefonanrufe, weil ich darin versucht habe, die gleiche Hoffnung, die mir zuteil geworden ist, an meine Leser weiterzugeben.

Besonders am Herzen liegen mir jene Menschen, die unter Ablehnung oder zerbrochenen Beziehungen leiden. Auch dieses tiefe Tal führt zu Gottes Wort, dem lebendigen Wort, und wir erkennen ganz neu, daß wir an Gott abgeben müssen, was wir nicht verstehen. Unsere Liebe und unsere Vergebung müssen bedingungslos sein.

In der Liebesgeschichte *First Comes the Wind* sagt der alte Indianer zu Lundy: »Lundy, mein Junge, die

Lust kann auch mit dem Haß leben, aber nur die Liebe kann mit der Vergebung leben.«

Papa's Place ist eine in Tagebuchform geschriebene Familiengeschichte. Sie erzählt davon, wie wir alle im tiefen Tal singen lernten:»Amazing Grace, how sweet the sound«(»O Gnade Gottes wunderbar«).

Ich fuhr mit meiner Lektion fort:»Führen Sie Ihr Tagebuch, halten Sie fest, was Sie mit Gott erlebt haben. Schreiben Sie die Lektionen nieder, die das Leben Sie lehrt, und denken Sie daran, daß der Glaube die herannahenden Fußtritte der göttlichen Rettung vernimmt. Wenn wir auf unsere Glaubensreise zurückblicken, können wir nur voller Dankbarkeit singen:»Er führet mich – mit Seiner eigenen Hand.«

Es gibt aber noch ein Tagebuch, das fortlaufend geführt wird, und zwar von Gott persönlich. Wir alle sind Briefe,»gekannt und gelesen von allen Menschen« (2. Korinther 3,2). Bestimmt wird nicht jeder unsere Bücher lesen, aber er wird *uns* lesen.

Spurgeon hat geschrieben:

Gott schreibt mit einer Feder, die nie kleckst,
spricht mit einer Zunge, die nie stolpert,
wirkt mit einer Hand, die nie versagt.

Was wir Gott gestatten, in unser Herz zu schreiben, wird durch unser Leben herauskommen – und durch unsere Feder. Wir haben kein Recht, gehört zu werden, ehe wir von Gott gehört haben.

Hiob rief aus:»O daß doch meine Worte aufgeschrieben würden!« (Hiob 19,23).

Sie sind aufgeschrieben worden!»Siehe, tötet er mich, ich werde auf ihn hoffen« (Hiob 13,15), und:»Ich weiß, daß mein Erlöser lebt« (Hiob 19,25). Das sind Worte Hiobs – Nägel an einem festen Ort.

Aus Gefangenschaft, Feuer und Schwert entstehen Briefe lebendigen Glaubens. Dies sind die Briefe: Menschen, die durch das kostbare Blut Jesu erlöst und von ihren Sünden gereinigt wurden. Menschen, die der Geist Gottes erforscht und prüft. Dies sind die Bücher, die die Menschen lesen: Sieg in der Niederlage, Hoffnung trotz Verzweiflung, Trost im Leid, Liebe anstelle von Furcht und Haß. Sie kommen aus den Büchereien des Leides, der Niederlage, Verzweiflung, Sünde und Schande, um der Welt *lebendige* Bücher zu lesen zu geben, Schauspiele wahren Lebens in Christus.

Es gibt immer noch große Männer wie ehedem Mose, die ganze Völker durch das Schilfmeer des Unglaubens ins Gelobte Land der reichen Gnadengaben Gottes führen.

Aus den Gefängnissen und Konzentrationslagern kommen die Josephs und bezeugen, daß Menschen zwar Böses mit ihnen im Sinn gehabt, aber Gott es zum Guten gewendet hat (1. Mose 50,20).

Nachdem David Gott das Herz gebrochen hatte, schrieb er: »Erschaffe mir, Gott, ein reines Herz« (Psalm 51,12). Gott nannte David »einen Mann nach meinem Herzen« (Apostelgeschichte 13,22). Beider Herzen waren zerbrochen. »Der Herr ist mein Hirte« (Psalm 23,1), klingt es durch die Zeiten mit dem nie endenden Versprechen: »Und ich werde bleiben im Hause des Herrn immerdar« (Psalm 23,6).

Menschen aus allen sozialen Schichten, die an Seele oder Körper zerbrochen sind, sind dem Herzen Gottes unendlich teuer. Mit sanfter Hand schreibt Er auf die gereinigten Tafeln ihres Herzens. Alle Welt kann diese Schrift lesen.

Gott schreibt mit einer Feder, die nie kleckst, auf die Herzen und Gesichter von Menschen, die im Verborgenen sind: dem Mann oder der Frau, die sich liebevoll um ihren kranken Ehepartner kümmern; dem Studenten, der in den Slums arbeitet; der Krankenschwester, die ihre ganze Kraft für Menschen einsetzt, welche im Leben gestrandet sind.

Da sind die gefallenen Helden, in den Kämpfen des Lebens verwundet: der abgewiesene Liebhaber, der um sein verlorenes Glück trauert; die einsame Witwe, die sich ihre Tasse Tee eingießt und dabei an die Zeit denkt, als noch zehn um ihren Tisch saßen; die junge Mutter, die plötzlich gezwungen ist, ihre Kinder allein großzuziehen. Sie kommen aus den Bibliotheken der ganzen Welt, die Bücher, die die göttliche Feder mit liebender Hand im Leben von Jungen und Alten, Schwachen und Starken schreibt. Sie werden von ihren Mitmenschen gelesen, und die Welt erkennt darin das Lächeln des Sieges, den Schritt des Glaubens, die Schulter des Mutes, die Hand des Dienstes, das Herz, das liebt.

Fürchte dich nicht, denn ich bin mit dir!
Habe keine Angst, denn ich bin dein Gott!
Ich stärke dich, ja, ich helfe dir, ja, ich halte dich mit der Rechten meiner Gerechtigkeit (Jesaja 41,10).

• • •

P.S.: Du bist Gottes Tagebuch, das Buch, das ein anderer lesen soll.

Du sollst fest verankert sein und anderen Menschen festen Halt geben.

Du bist das Samenkorn, das Gott sehr sorgfältig ausgesucht hat.

19

Die Bildergalerie

Ich sah sie förmlich vor meinen Augen groß werden.

Margaret«, sagte Harold, »bitte, denk' daran,
» daß ich zuerst all die vielen Nagellöcher
verspachteln mußte, bevor ich die Wände
streichen konnte.«
Wie hätte ich das vergessen können?
»Bitte, Mama, häng' nicht alle Bilder auf, die du in
den letzten fünfzig Jahren gesammelt hast«, bat Janice, »besonders nicht die Babybilder.« Sie versuchte,
freundlich, aber bestimmt zu sprechen, das Kinn ener-
gisch vorgeschoben wie bei ihrem Vater.
»Mutter, wir sind bereits alle über vierzig Jahre alt!
Weißt du eigentlich, daß du fünf Bilder von mir in
deinem Schlafzimmer hängen hast, außer denen von
der restlichen Familie?«
Ich hatte noch ein weiteres hinter dem Schrank, das
ich eigentlich ebenfalls hatte aufhängen wollen. Aber
das lasse ich jetzt wohl lieber bleiben.
Janice und ihr Vater berieten gemeinsam darüber,
wo die Nägel einzuschlagen waren. Mit Hilfe von

Zollstock, Lineal und Wasserwaage hängten sie die Bilder im Wohnzimmer auf. Perfekt!

Als Jan nach Massachusetts zurückgekehrt war, wartete ich nur auf den richtigen Augenblick. Eines schönen Vormittags war es soweit. Harold war zum Frühstücken ins »White Front« gegangen, das er besonders wegen der leckeren heißen Semmeln mit Schinken und Eiern liebte und in dem er sich gern mit alten Freunden traf. Ich nahm den Hammer in die Hand, kniff ein Auge zu, schätzte die Stelle ab und schlug zielbewußt den Nagel ein. Das Bild hing! Schließlich war dies meine Küche! An die gestrichenen Wände wagte ich mich nicht heran, aber Harold brauchte nicht zu wissen, wie viele Nagellöcher sich in der blaukarierten Tapete verbargen.

Meine Bildergalerie befand sich auf Kinderebene, niedrig genug angebracht, daß selbst der Jüngste sie sehen konnte. Jede Gemäldegalerie hätte mich um meine Enkelkindersammlung beneidet! Babybilder, der erste Schultag und die Geburtstagsfeiern – alles war festgehalten. Ich sah sie förmlich vor meinen Augen groß werden.

Und dann die Speisekammertür! Vollgekritzelt mit Namen und Maßen.

»Omi, könntest du die Tür mitnehmen, wenn du umziehen würdest?« fragte eines der Kinder.

»Das würden wir bestimmt tun«, erwiderte ich, »aber wir haben eigentlich vor, hier zu bleiben, bis Jesus wiederkommt. Und dann ist es ohnehin egal.«

»Du läßt sie auch nicht von Opa anstreichen?« fragte ein anderes Enkelkind besorgt.

»Bestimmt nicht. Opa hat gesagt, daß er diese Tür nie streichen wird.«

»Das ist gut. Holst du jetzt bitte den Zollstock und
mißt nach, wieviel ich gewachsen bin?«
Alles war genau markiert: Datum und Körper-
größe, ja, sogar das Gewicht. Alles war auf der Speisekammertür registriert.

Selbst wenn die Bilder und Aufzeichnungen aus
irgendeinem Grund verlorengehen sollten, aus unseren Herzen waren sie nicht mehr zu löschen.

Da war das Foto von Janice Dawn, unserem ersten
Kind, das wir als Gottesgeschenk empfangen hatten.
Sie wurde geboren, als die erste fahle Morgendämme-
rung über den Hochhäusern Chicagos emporstieg. Ihr
Babybild mit der auf das Köpfchen gepappten
Schleife verband sich harmonisch mit dem nächsten
Foto – ein schelmisches Gesicht und völlig verdrehte
Träger, die ihren Rock festhielten. Ich mußte jedesmal
lachen, wenn ich dieses bezaubernde Lächeln sah. Da-
neben Janice als Studentin mit Barett und Talar. Dann
mit Brautkleid und Schleier, und nun waren sie zu
zweit: Jan und Jud Carlberg. Mittlerweile sind sie
vier, mit ihren Kindern Heather und Chad.

In diesem Moment konnte ich jedoch nur
an Deine Mutter denken, wie sie ihre Haare
(anstatt den Kuchen) mit Zuckerguß bestrich
und wie die Haare im Regen grün wurden.

Eine meiner unaufgeräumten Kisten enthält Briefe
und Postkarten von Jan, die uns aus aller Welt erreichten. Sie drücken Liebe, Dankbarkeit, Ermutigung und
Humor aus – alles aus einem Herzen, das sich mit
»ihrem Zuhause« verbunden weiß.

Jans Liebe, die sie allen Verwandten und Freunden entgegenbrachte, kannte keine Grenzen. Für Harold und mich blieb sie jedoch immer das »kleine Mädchen«, das vor Lebensfreude förmlich übersprudelte und alle Herzen mit ihrer liebevollen Art zum Schmelzen brachte.

Dann hörten wir sie eines Tages vor einer großen Gruppe eine Bibelstunde halten. Da merkten wir, daß uns unser »kleines Mädchen« gar nicht mehr gehörte. Sie gehörte Gott und Seinem Dienst. Sie war Sein Samenkorn, mit großer Sorgfalt ausgewählt, und wir hatten dieses Samenkorn in unserem Garten eine Zeitlang pflegen und bewässern dürfen, aber nicht, um es auf Dauer zu behalten.

Während wir unsere Jan pflegten und großzogen, taten Bob und Helen Carlberg das gleiche mit ihrem »Samenkorn« Jud in ihrem Garten. Und nun gehören beide, Jan und Jud, Gott und der Welt.

Im Gästezimmer bedeckt unsere Enkelin Heather mit ihrem Lächeln die schön tapezierten Wände – Bilder aus der Babyzeit bis zu den Collegejahren. Dieses besondere Samenkorn, so liebevoll von den Eltern gepflegt und bewässert, ging dann mit einer Gruppe von Ärzten und Schwestern in die Missionsarbeit nach Ecuador. Sie ist mit heißem Wasser, Dusche und Haarfön aufgewachsen, aber sie hat gelernt, sich im kalten Fluß zu waschen und in primitiven Hütten zu schlafen.

»Omi, ich kann jetzt sogar Zähne ziehen«, erzählte sie mir eines Tages. Ich konnte zwar ihre Begeisterung über die provisorischen Zahnbehandlungsmethoden nicht teilen, aber ich bewunderte sie zutiefst wegen ihrer Entschlossenheit, ihrer Hingabe und ihrer wachsenden Reife.

Das Gästezimmer ist für Heather und ihre Freundinnen reserviert. Aus meinem ehemals verschwundenen Aktenordner holte ich die Kopie eines Briefes hervor, den ich ihr geschrieben hatte, als sie zwölf war.

13. September 1977

Liebste Heather,

wenn ich nur etwas Erhebendes zu schreiben wüßte, dann würde ich es schreiben, glaub' mir. Aber gestern war ein ganz gewöhnlicher Montag, und ich ging ins Geschäft, um nach Rocksamt für Deine Mutter zu suchen und mir ein paar Ideen fürs Nähen zu holen.

Du ahnst es sicher – ich fand überhaupt nichts. Dann erblickte ich Frau Jones, reich, elegant, mit sicherem Auftreten und zu allem Überfluß eine strahlende Christin. Glaub mir, die Behandlung, die sie empfing, war direkt königlich – drei Verkäuferinnen.

Ich wußte, sie würde mich nach meinen reizenden Kindern fragen. In diesem Moment konnte ich jedoch nur an Deine Mutter denken, wie sie ihre Haare (anstatt den Kuchen) mit Zuckerguß bestrich und wie die Haare im Regen grün wurden. Meine einzige Enkelin hat selbst im Sommer kalte Füße und zieht im Bett Socken an. Deine reizenden Vettern machten unmittelbar nach dem Schlußsegen in der Kirche Kaugummiblasen und ließen sie mit lautem Knall platzen, so als wollten sie Gott ganz persönlich ein »Lobopfer« darbringen.

Letzten Sonntag waren Deine Großtanten zu Besuch bei uns in der Kirche. Anschließend hatten wir ein gemeinsames Picknick. Wir gaben uns alle Mühe, anständig zu sein, aber Dein Cousin Shawn flitzte zwischen den Beinreihen durch, um der erste zu sein, und Eric brüllte so laut »Opa«, daß sich alle umdrehten. Einschließlich Opa.

In diesem Moment verkündete der Prediger: »Alle Kinder sofort zu ihren Eltern!« Und ich stand da und fragte mich: *Wie kommt es, daß ich zum Schluß immer mit allen Kindern dastehe?*

Eric, Dein zweijähriger Vetter, hielt den Hackbraten für Schokoladenkuchen und fing an zu weinen, als er einen Bissen probierte. (Ich hoffe, daß diejenige, die ihn zubereitet hat, nicht gerade hinter mir in der Schlange stand!)

Deine Großtante Doris erzählte mir, daß ihr zweijähriger Enkel wie ein erwachsener Mann ißt, trotz Windel und allem. Ich betrachtete Eric. Er hatte tatsächlich den Schokoladenkuchen entdeckt, aber keine Windel an. Keine Gabel. Kein Löffel.

Also, das war am Sonntag, und nun war Montag, und ich befand mich im Modegeschäft. Ich hatte meine alten Schuhe an, weil mir der große Zeh so weh tat.

Eine fremde Frau sprach mich an: »Sie verlieren Ihren Ohrring.«

Ich lächelte und murmelte ein schwaches »Danke«. Wie hätte ich ihr erklären sollen, daß es ölgetränkte Watte war (gegen die Ohrenschmerzen), die aus meinem Ohr hervorlugte? Außerdem juckte es mich am ganzen Körper, weil ich versehentlich mit giftigem Efeu in Berührung gekommen war!

Du liebe Zeit, dachte ich, *nur jetzt nicht Frau Jones begegnen! Sie sieht aus wie die Verkörperung von »Steht auf, steht auf für Jesus«, und ich habe nur den einen Wunsch, mich hinzusetzen. Mein Zeh tut so weh!*

Ich verdrückte mich hinter die Abendkleider und schlich durch den Samtvorhang in die Abteilung für Nachthemden und Bademäntel hinüber. Bei der Unterwäsche fühlte ich mich schon mehr zu Hause. Ich weiß, ich hätte ein strahlendes, siegreiches, zeugenmutiges Gotteskind sein müssen, aber ich fühlte mich einfach viel zu elend.

Ich lief nach draußen auf den Parkplatz und stieg ins Auto, aß eine Banane zu Mittag, fuhr nach Hause, holte die Wäsche von der Leine, tat Ohrentropfen in mein schmerzendes Ohr und Zinkerz-Hautwasser auf die juckenden Körperstellen, streifte meine alten Schuhe ab und schlüpfte in die gestärkte Schwesterntracht, um meine Nachmittagsschicht im Krankenhaus anzutreten.

Ich sah aus wie die aus dem Grab erstandene Florence Nightingale.

Das war gestern, Montag. Heute, Dienstag morgen, beschloß ich, nochmals nach dem Samt zu suchen. Während ich auf dem Weg ins Geschäft war, sprach ich mit Jesus. Laut? fragst Du. Ja, natürlich. Weißt Du was, Heather? Jesus und ich sprechen miteinander wie alte Freunde. Meistens rede ich. Heute erzählte ich Ihm alles über meinen Zeh, über die siegreiche Frau Jones, über das scheußliche Jucken und alles, was ich zu tun habe.

Er hörte geduldig zu.

Dann hörte ich auf zu reden und wurde still, und weißt Du was? Jesus antwortete mir, ganz lieb und freundlich.

»Margaret«, sagte Er, »dein Zeh ist heute morgen schon viel besser, dein Ohr tut nicht mehr weh, und mit dem Jucken ist es auch vorbei. Es wird ein guter Tag werden. Ich habe ihn schließlich gemacht. Ich werde dir sogar helfen, den Samt zu finden. Ich liebe deine ganze verrückte Familie (ich meine wirklich, Er hätte ›verrückt‹ gesagt), trotz Schokoladenkuchen, Kaugummi und allem.«

Die Engel haben gewiß über die grünen Haare Deiner Mutter gelacht und auch über Deine Bettsocken im Sommer. Und Jesus erinnerte mich an Seine Zusage: »Ich bin bei dir allezeit.« Dann fragte Er mich: »Aber mußt du mich wirklich in der Unterwäsche-Abteilung verstekken? Du weißt doch, ich liebe dich – so wie du bist.«

So ähnlich jedenfalls hat sich das Ganze für mich angehört, und ich habe geantwortet: »Weißt du was, Jesus? Ich liebe dich auch.«

Viele Grüße an alle,
Omi

• • •

Ich weiß, die Kiste mit den Briefen und Bildern könnte irgendwann abhanden kommen, aber die Eindrücke, die sich tief in mein Herz eingeprägt haben, werde ich nie verlieren. Gott verliert uns auch nicht; wir sind unauslöschlich in Seine Hand und Sein Herz eingraviert.

Wenn ich ins Kaminzimmer komme, durch dessen Fenster die Morgensonne hereinströmt, begegne ich als erstes dem Gesicht unseres ältesten Enkels Chad. Sein kreatives Selbstporträt blickt mich mit ernsten Augen an, die mir zeigen, daß er ein tiefer Denker ist – obwohl unser Haus oft von seinen Späßen und seinem Gelächter widerhallt. Voller Tatendrang und Lebenslust, befindet er sich ständig in Bewegung.

Wenn ich durch die Zimmer gehe, spreche ich über jeden einzelnen mit dem Herrn, und ich weiß, Er kümmert sich um sie.

Als Chad noch ganz klein war, hörte er zu, wie seine Mutter ihm ein Wiegenlied vorsang, und sagte dann bestimmt:»Mama, sing' keine Babylieder mehr, sing' ›Wie groß bist Du!‹«

In dieser schrecklichen Welt brauchen wir in der Tat einen großen Gott!

Mein Frühstückszimmer bietet ebenfalls eine Rückschau in Bildern. Ich höre noch Harolds Stimme: »Margaret, wir brauchen hier drin wirklich keine Tapete. Die eine Wand ist komplett von einer Weltkarte bedeckt und die andere von deinen Bibelsprüchen.« Dann starrte er auf das Fenster.»Was sollen eigentlich all diese Herzen am Fenster?«

Es blieb mir nichts anderes übrig, als einige von ihnen abzunehmen. Aber welche? Die kleinen, handbemalten aus Holz? Die bestickten Spitzenherzen? Die mit den kostbaren norwegischen oder schwedischen Aufschriften? Alles kleine Liebesbeweise von alten und neuen Freunden, die wie Christbaumschmuck an einem Band aufgereiht hingen, das oben am Fensterrahmen befestigt war. Schließlich traf ich mit blutendem Herzen meine Entscheidung. Es hat wahrscheinlich alles seine Grenzen!

Die Weltkarte hängt tief genug, daß auch die Kinder sie sehen können. Sie können auf Ecuador zeigen, wo ihre Kusine Heather im Missionsdienst steht, und auf Spanien, wo die Teppers unter Drogenabhängigen arbeiten. Sie wissen, wo Norwegen, England, Dänemark, Schweden und Deutschland liegen, Länder, aus denen ihre Vorfahren stammen. So wird die große, weite Welt Teil ihrer eigenen Welt; und die Missionare, Menschen wie du und ich, leben an ganz realen Orten.

An einer Wand hängt ein alter, verblaßter Spruch: »Glückselig das Heim, wo einer für den anderen lebt und alle gemeinsam für Gott leben.« Ein bedeutender Missionar, T.J. Bach, hat uns diesen Spruch vor 45 Jahren geschenkt. Er bleibt hängen. Selbst Harold ist damit einverstanden.

Ein anderer Spruch mit der Aufschrift: »Alle Dinge dienen uns zum Besten«, ist mit blauem Garn gestickt, passend zur Küche. Er hängt unter der Wanduhr, die uns daran erinnert, daß unsere Zeit in Gottes Hand steht.

Ich betrachte die anderen Wandsprüche in der Küche, und mein Herz reagiert spontan: »Die Liebe versagt nie«; »Gott segne Dich«; »Ich hab' Dich lieb«; »Velkommen«, ein norwegischer Segensspruch ...

Welcher davon, frage ich, soll abgenommen werden? Keiner, wenn es nach mir geht.

Von der Wand des Eßzimmers herab sehen mich Bilder von Jan, Dan und Ralph mit neugierigen Augen an. Als die Aufnahmen gemacht wurden, waren alle drei 16 Jahre alt und blickten voller Abenteuerlust in die Welt. Sie lächeln uns zu, während wir essen;

kein Wunder, denn genau an diesem Tisch haben sie früher ihre Mahlzeiten eingenommen. Wenn ich durch die Zimmer gehe, spreche ich über jeden einzelnen mit dem Herrn, und ich weiß, Er kümmert sich um sie.

Ralph, der Jüngste, dessen Füße sich einst in ein weit entferntes Land verirrten, hing doch mit seinem Herzen stets an seinem Zuhause. Eines Tages brachte Gott seine Füße auf wunderbare Weise wieder heim. Später gab Gott ihm Christine zur Frau und segnete ihre Ehe mit Shawn, Eric, Sarah und Kathryn. Ihre Bilder lächeln uns von der Wand des Eßzimmers zu.

Eines Tages bekam ich ein Briefchen von Eric, der noch nicht lange in die Schule ging.

> Liebe Omi,
> ich hap dich ganz dol lihb.
> Wenn du stirpst,
> werd ich schreklich weinen.
> Dein Eric

Ich besitze auch einen Becher, den Eric bemalt hat. Darauf steht ein Haus mit einem Seil daran, das bis in den Himmel reicht. Auf dem Seil balanciert eine Gestalt wie ein Trapezkünstler.

»Was ist das?« fragte ich ihn. (Das war natürlich ein Fehler!)

»Das bist du, Omi, wenn du in den Himmel gehst.«

Shawn schaltete sich ein. »Das finde ich überhaupt nicht witzig, Eric«, sagte er entrüstet. »Omi soll noch nicht sterben.«

»Das weiß ich auch. Ich wollte ihr nur zeigen, daß ich weiß, wo sie hingeht.«

Der Himmel ist real – schon für die Kinder.

Eines Morgens vor vielen Jahren klingelte das Telefon, und Shawns klägliche Stimme klang aus der Leitung:»Komm mich bitte holen, Omi; ich habe heute so einen schweren Tag.« Er war noch zu klein, um allein zu uns zu kommen, deshalb wartete ich an der Straßenecke auf ihn. (Er wohnte gleich in der nächsten Straße.) Ich sah den kleinen Kerl auf mich zukommen, ein Bild des Jammers, mit gesenktem Kopf und schleppendem Gang. Ich fragte ihn nicht, was passiert war. Ich spielte mit ihm, wir sangen zusammen und holten uns Hamburger in der Imbißbude. Zum Schluß wurde es doch noch ein guter Tag.

Ich konnte mich gut mit Shawns »schwerem Tag« identifizieren. Wie oft ist es mir ähnlich gegangen: Ich konnte nicht mehr beten, nicht mehr die Bibel lesen, ich verstand überhaupt nichts mehr. In völliger Verzweiflung schrie ich zum Himmel:»Gott, komm mich bitte holen! Ich habe heute so einen schweren Tag.« Und Gott kam wirklich, sanft und voller Liebe. Er fragte nicht, was passiert war. Er wies mich nicht auf meine Fehler hin. Er umgab mich einfach mit Liebe und Verstehen. Ich wußte, daß es mit Gott zum Schluß doch noch ein guter Tag werden würde. Und genauso war es.

Am Sonntagmorgen füllt unsere Jensen-Sippe eine ganze Kirchenbank – besonders wenn Steve, unser Neffe, und Beverly, Benjamin und Paul bei uns sitzen. Harold achtet darauf, daß wir immer rechtzeitig in der Kirche sind. Eines Sonntagmorgens, ehe der Gottesdienst begann, schlüpften Steve und seine Familie in unsere Reihe. Steve bog sich fast vor Lachen, als er uns mit den Worten begrüßte:»Ihr werdet es nicht glauben, was uns heute morgen passiert ist!«

Sein Ton und seine Miene fesselten sofort unsere Aufmerksamkeit, und wir hörten gespannt zu.

»Wir hatten es eilig, pünktlich zur Sonntagsschule zu kommen, und landeten irgendwie alle gleichzeitig im Badezimmer. Ich stand unter der Dusche. Beverly fönte gerade ihre Haare. Benjamin (5) saß auf der Toilette, und Paul (2) stand Schlange. Voller Verzweiflung rief Benjamin aus: ›Hier drin sind vier Leute. Kann nicht *einer* bitte rausgehen?‹«

Wir lachten alle, aber ich mußte an die ungezählten Male denken, wo ich am liebsten geweint hätte, wenn ein ganzes Haus voller lieber Verwandter vor unserem einzigen Badezimmer Schlange stand.

Kein Wunder, daß ich unser neues zweites Bad so besonders schätze! Chris und ich wählten die Tapete aus, Harold strich an. Ich wartete auf den passenden Augenblick und griff dann flink zu Hammer und Nägeln.

Eines Morgens betrachtete Chris (Gottes Geschenk an die ganze Familie) wohlgefällig die neuen Vorhänge und frisch tapezierten Wände, um sich plötzlich abrupt zu mir umzudrehen. »Mama, mußtest du unbedingt deinen gestickten Spruch ›Jauchzet dem Herrn‹ ins Badezimmer hängen?«

Ich nickte schwach: »Er paßt so schön zu den Handtüchern.«

• • •

P.S.: Wenn ich es recht bedenke, paßt er zu dem ganzen Haus. Also bleibt er hängen! Genau dort, wo er ist!

20

Die Rosenparade

Mir ist klargeworden, daß das,
was Mama immer gesagt hat, wahr ist.

Wenn ich meinen Terminkalender anschaue, kann ich über das Wunder der Gnade Gottes nur staunen. Mir ist bewußt, daß ich von Natur aus eher ängstlich und feige bin; auf dem Parkplatz verirre ich mich regelmäßig. Meine Enkelkinder ziehen mich gern damit auf und sagen: »Omi, kannst du uns zum Einkaufszentrum fahren? Wir merken uns auch, wo du parkst.«

Wenn *ich* mir so etwas merken will, muß ich mir eine »Eselsbrücke« bauen, z. B. *Ausgang Herrenunterwäsche* oder *Christian-Dior-Nachthemden*. Allerdings habe ich heute sehr selten Zeit, ins Einkaufszentrum zu fahren. Ich verbringe mein Leben sozusagen im Flugzeug.

Auf einem Flug passierte es, daß ich meinen ganzen Kaffee über mich und meinen Nachbarn auf Sitz B verschüttete. Während wir beide bemüht waren, das Gröbste abzuwischen, sagte er mit einem Seufzer:

»Ich bin ja nur froh, daß ich auf dem Heimweg bin und nicht zu einer Tagung muß!«

Ich murmelte, daß es mir genauso gehe, und dachte bei mir: *Besonders mit den häßlichen Kaffeeflecken auf meinem weißen Kostüm.* Einem plötzlichen Einfall folgend, griff ich in meinen Bordcase und nahm ein Exemplar meines Buches *Erst mal 'ne Tasse Kaffee!* heraus. Er brach in schallendes Gelächter aus, als er mein Geschenk mit der dazugehörigen Entschuldigung entgegennahm.

»Das ist wirklich ein Witz«, meinte er.

Später bekam ich eine Karte von ihm und seiner Frau, auf der sie sich für das Buch bedankten und die Hoffnung äußerten, wir möchten uns eines Tages wieder begegnen. Weiter las ich: »Lassen Sie das nächste Mal Ihren Kaffee aber bitte auf Ihrem Tablett!«

Wen wundert's, daß Harold sich ständig Sorgen um mich macht?

Vor fünf Jahren erhielt ich die erste Einladung, im Westen der Vereinigten Staaten zu sprechen. Zum allerersten Mal flog ich allein von Küste zu Küste – ohne meinen Mann Harold. Ich erwähnte ja bereits, daß ich ein ängstlicher Typ bin. (Um so mehr betet Harold!)

Als der Pastor einer großen Gemeinde, Owen Shackett, und seine liebe Frau Betty mich am SeaTac-Flughafen in der Nähe von Tacoma/Washington in Empfang nahmen, um mich ins Hotel zu bringen, ahnten sie nicht, daß der lächelnden Schriftstellerin da vor ihnen in Wirklichkeit zum Heulen zumute war. Aber Gott wußte es! Er wußte, daß sie soeben ihren ersten Soloflug überstanden hatte.

Auf dem Tisch im Hotel standen eine Schale mit Obst und ein wunderschöner Blumenstrauß mit einem schriftlichen Willkommensgruß. Ich kniete an

meinem Bett nieder und schrie zum Herrn. Gottes Gegenwart erfüllte den Raum, und Sein Frieden erfüllte
mein Herz. Denn ohne Ihn kann ich nichts tun. Aber
mit Ihm sind alle Dinge möglich.

Die Shacketts und ich verbrachten eine wunder-
bare Zeit miteinander. Ein besonderes Band der
Freundschaft hat unsere Herzen verbunden. Offene
Häuser und offene Herzen sind ganz spezielle Nägel
an einem festen Ort, besonders für Menschen wie
mich, die viel unterwegs und dabei oft einsam sind.
Die ausgetrockneten Quellen werden belebt, und der
Brunnen ist wieder voll.

Ein Ort, an dem ich immer wieder neu erfrischt
werde, ist das Cottesmore-Pflegeheim in Gig Harbor / Washington. Als wir über die Brücke nach Gig
Harbor hineinfahren, kommen wir an vielen Segel-
booten und malerischen Läden vorbei, während sich
in der Ferne die Berge scharf gegen den blauen Himmel abzeichnen. Dann führt der Weg weiter durch den
Wald bis zum wunderschön gelegenen Cottesmore-
Pflegeheim. Heute ist hier absolut nichts Niederdrük-
kendes zu verspüren, denn es ist der Skandia-Tag, ein
norwegischer Feiertag, der am 17. Mai begangen
wird.

Drinnen im Speisesaal sind die Tische festlich in
den norwegischen Farben Rot, Weiß und Blau ge-
schmückt. Die Eingangshalle sieht aus wie eine Hand-
werksmesse, bestückt mit Kunsthandwerk, Bastel-
und Handarbeiten aus verschiedenen Ländern. Lange
Tische biegen sich unter der traditionellen »Lefse«
und anderen skandinavischen Spezialitäten – gar
nicht zu reden von dem wunderbaren Duft aromati-
schen Kaffees, der in rauhen Mengen zubereitet wird.

Musikanten in typisch skandinavischer Kleidung unterhalten die ankommenden Gäste. Heimbewohner und Besucher fügen mit ihrer fröhlich-bunten Nationaltracht dem Klang von Musik und Gelächter ihrerseits Duft und Farbe hinzu. Rollstühle werden hereingeschoben, und die alten Leute werden plötzlich ganz lebendig, wenn sie mit den Füßen den Takt zur Akkordeon-Polka schlagen. Lieder und Geschichten verbinden Altes und Neues miteinander. Und ich fühle mich geehrt, mit meinen fröhlichen Norwegergeschichten meinen Teil zu der Feier beitragen zu dürfen.

Ein solches Freudenfest für den gesamten Ort zu veranstalten, war der Traum einer munteren Dame, Inez Glass. Inez, die als fliegende Krankenschwester bei der Luftwaffe am 2. Weltkrieg teilgenommen hat, interessierte sich schon als junge Frau für die Älteren in ihrer Verwandtschaft. Nach dem Krieg arbeitete sie in der Pflege geriatrischer Patienten, zu denen sie sich besonders hingezogen fühlte. Ihre ursprüngliche Absicht, sich um die Alten in ihrer Familie zu kümmern, hat sich mittlerweile auf eine »Ortsfamilie« mit mehr als hundert Leuten ausgeweitet.

Wie muß sich der Himmel über diesen glänzenden Nagel freuen, den Gott an einem festen Ort eingeschlagen hat, und auch über alle anderen »Nägel«, die mit ihr zusammenarbeiten.

In einer Welt, wo immer neue Nachrichten über die prekäre Lage alter Menschen auftauchen und Berichte über Vernachlässigung und Mißhandlung an der Tagesordnung sind, ist es wunderbar, mit anzusehen, was der Traum einer einzelnen Frau bewirken kann.

Liebe und Mitgefühl prägen dieses schöne Altenzentrum, und der ganze Ort kommt und feiert mit den Bewohnern ihren Skandia-Tag. Wie muß sich der Himmel über diesen glänzenden Nagel freuen, den Gott an einem festen Ort eingeschlagen hat, und auch über alle anderen »Nägel«, die mit ihr zusammenarbeiten.

Ich sehe in meinem Terminkalender nach, wo der 17. Mai bereits wieder für den Skandia-Tag vorgemerkt ist.

• • •

Seitdem bin ich wiederholt im Westen gewesen. Erst im vergangenen Jahr flog ich die weite Strecke zur wunderschönen Garden Grove-Kristallkathedrale in Kalifornien, um dort an einer großen Frauenkonferenz teilzunehmen. Der Kaffee wurde im Freien serviert, während eine Reihe Hostessen mit großen, blumengeschmückten Hüten die Gäste willkommen hießen. Umrahmt von Schönheit und Musik strömten die Frauen in das riesige Auditorium. Die mächtigen Orgelklänge brausten mit solcher Kraft, daß es schien, als wären Himmel und Erde eins geworden, um Gott zu loben.

Der ganze Rahmen war spektakulär: Singvögel und Wasserfontänen, die in der Sonne auf und nieder tanzten, verbanden sich harmonisch mit den Darbietungen der Chöre.

Ich saß auf dem Marmorpodium und staunte über die große Kreativität, die Gott durch Seine Kinder entfaltet. Dann kam die Rosenparade!

Vogelgesang und Orgelmusik vermischten sich, während Missionarinnen aus aller Welt durch den breiten Mittelgang nach vorne schritten, eine nach der anderen, jede mit einer Rose in der Hand.

Meine Tränen flossen reichlich.

Auf dem Podium angekommen, nannte jede Missionarin ihren Namen und das Land, wo sie arbeitete, und zitierte anschließend einen Bibelvers in der jeweiligen Landessprache. Danach steckte sie ihre Rose zu den anderen in eine wunderschöne, große Vase.

Der Strom schien kein Ende zu nehmen.

Es gab jüngere Missionarinnen, die erst wenige Jahre »draußen« waren, und ältere, die bereits zehn, zwanzig, dreißig oder sogar vierzig Jahre auf dem Missionsfeld zugebracht hatten.

Ich mußte immer wieder die Tränen zurückdrängen.

Doch bei der letzten Missionarin war es mit meiner Fassung endgültig vorbei!

Mit energischen Schritten kam sie nach vorne, steckte ihre Rose fachmännisch in die Vase, nannte ihren Namen und sagte dann: »Ich unterrichte Missionarskinder, und mein Bibelvers lautet: ›Gib mir fünf!‹« Diesen Vers hatte sie in der Sprache ihres Missionslandes ausgewählt.

Auf Davids Bitte hin, ihm »fünf« Brote zu geben (1. Samuel 21,4), bekam er vom Priester Ahimelech heiliges Brot. Für diese Missionarin waren ihre jungen Leute ebenfalls »heiliges Brot«, und das wollte sie uns gerne vermitteln. Sie sprach ihre Sprache, und ihre Schüler wußten, daß sie sie liebte und verstand.

Auch wir hatten verstanden. Tosender Beifall brandete auf und erfüllte die ganze Kathedrale. Ich

wischte mir über die Augen und atmete tief durch –
denn jetzt war ich an der Reihe.

Ich erzählte die Geschichte von den hohen Knopfschuhen und wie Mama gesagt hatte: »Ja, Margaret, es
ist gar nicht so wichtig, was du an deinen Füßen
trägst; wichtig ist, wo deine Füße hingehen ...« Im
Lauf der Jahre ist mir klargeworden, daß das, was
Mama immer gesagt hat, wahr ist: »Dies ist eine von
den wichtigen Lektionen des Lebens.«

Als Gott Seinen Sohn auf die Erde sandte, um für
mich zu sterben, tat Er das nicht in erster Linie, um
mir neue, glänzende Schuhe zu schenken, sondern
mit der Absicht, daß meine Füße auf den Pfaden der
Gerechtigkeit gehen sollten.

Als ich so über die große Versammlung schaute,
sah ich nicht nur die Missionarinnen, sondern auch
alle anderen Frauen Gottes, die Ihm gehorchten und
auf Seinen Wegen gingen. Mein Herz jubelte, wenn
ich an die ungezählten besonderen Nägel rund um
die Welt dachte, die Gott an ihrem festen Ort eingeschlagen hat.

21

Die Entscheidung

Charakter ist die Gesamtsumme aller
Entscheidungen, die wir tagtäglich treffen.

Eigentlich dürfte ich gar nicht an den Garten denken, wenn ich zu schreiben habe, aber Harold läßt immer die Samenkataloge herumliegen, das macht die Sache so schwierig. Nur für ein paar Minuten beschloß ich, nach draußen zu gehen und die Büsche zu betrachten. Der rote Busch hatte bereits Knospen angesetzt. Die Stechpalmen waren mit roten Beeren beladen. Ich hielt nach den Krokussen Ausschau, ob ihre grünen Spitzen schon durchkamen – ein echtes Zeichen für den herannahenden Frühling.

Bald wird es auch wieder wärmer, ich werde nach draußen gehen und mich bücken, um zu graben, zu pflanzen oder zu verpflanzen.

Eines Tages schaute Harold mir bei der Gartenarbeit zu. »Margaret«, fragte er, »weißt du eigentlich, daß die Nachbarn noch nie dein Gesicht gesehen haben?« Um Harolds willen werde ich in diesem Frühjahr also versuchen, mich öfter hinzuknien.

Jener Tag, an dem Harold sich Gedanken wegen meiner gebückten Haltung machte, kam mir wie geschaffen vor zum Pflanzen und Verpflanzen. Es war ein feuchter, nebliger Morgen, an dem ich einmal nicht den Gartenschlauch hinter mir herziehen mußte. Ich war, wie gewohnt, früh aufgestanden und hoffte zuversichtlich, daß niemand mich mit meiner Duschhaube (damit die Haare trocken blieben), der alten Hose mit dem ausgeleierten Gummizug und den dreckigen Gartenschuhen sehen würde.

Oh, wie war ich glücklich an diesem Morgen! Ich hatte Schaufel und Hacke, eine Tüte Kunstdünger und so viele herrliche Pflanzen, die ich an die noch freien Stellen setzen konnte.

Die richtige Entscheidung zu treffen, fiel mir schwer: Sollte ich die Pflanzen fallen lassen oder lieber meine Hose?

Es regnete stärker, und die Duschhaube rutschte mir halb über die Augen. Meine Haare blieben zwar größtenteils trocken, nicht aber der Gummizug in meiner alten Hose. Ich war entschlossen, mit dem Pflanzen fertig zu werden, und arbeitete zielstrebig weiter.

Kurz darauf rief Harold mir von der Haustür her zu: »Telefon, Margaret! Ferngespräch!« Dieser Ruf läßt mich gewöhnlich ans Telefon eilen. Aber Harold sagt es auch, wenn Chris von der nächsten Straße aus anruft.

Es war immer noch sehr früh. Ich nahm an, daß meine Schwester Doris am Telefon war. Sie ist die einzige außer mir, von der ich weiß, daß sie ein Frühaufsteher ist. Als ich mich umdrehte, sah Harold mich mit einem ungläubigen Blick an, der soviel besagte wie: »Ich fasse es nicht!« Er starrte auf meine schiefsitzende Duschhaube und die herabhängende, verfleckte Arbeitshose. »Telefon, Margaret«, wiederholte er.

Ich stand da, in den Händen die Pflanzen voll schmutziger Erde und mit meiner rutschenden Hose – und starrte zurück. »Wer ist dran?«

Mein Mann sagte nur: »Margaret, das Telefon! Laß die Pflanzen fallen!«

Die Pflanzen fallen lassen? überlegte ich. *Was weiß Harold schon vom Pflanzen? Er steht dort, sauber und adrett, mit seiner Tasse Kaffee in der Hand. Er weiß gar nicht, was es bedeutet, im Regen zu pflanzen, damit man sich die Schlepperei mit dem Gartenschlauch erspart.* Aber meine Hose rutschte unerbittlich. Mit dem Ellbogen versuchte ich krampfhaft, den Bund festzuhalten.

»Margaret, laß die Pflanzen fallen!« rief er wieder zwischen zwei Schlucken Kaffee.

Als ob ich nicht gehört hätte! Nur, die richtige Entscheidung zu treffen, fiel mir schwer: *Sollte ich die Pflanzen fallen lassen oder lieber meine Hose?*

Doch dann hatte ich mich entschieden. Ich ließ die nassen, lehmigen Pflanzen auf die Erde fallen, packte meine Hose, streifte die Schuhe von den Füßen und lief ans Telefon.

Es war tatsächlich Doris. Sie sagte mir, daß sie für mich bete – was sie gewöhnlich tut. An diesem Morgen hatte ich das Gefühl, es auch wirklich zu brauchen. Und meine Pflanzen brauchten es ebenfalls.

Ich erklärte ihr, daß es oft so schwierig ist, die richtige Entscheidung zu treffen. Dem stimmte sie zu und sagte dann: »Nicht immer müssen wir uns zwischen Gut und Böse entscheiden, manchmal nur zwischen ›gut‹ und ›besser‹.«

»Das will ich mir merken«, versprach ich.

Ein heißes Duschbad und ein gutes Frühstück beendeten meine Gartenarbeit für diesen Tag. Es war immer noch recht früh, und ich setzte mich hin, um mir von Gott Weisung für den neuen Tag zu holen. In meinem Andachtsbuch las ich, daß Charakter die Gesamtsumme aller Entscheidungen ist, die wir tagtäglich treffen. Ich wurde an die Geschichte von Joseph in der Bibel erinnert: Er entschied sich dafür, zu wissen, wer er war, ehe er eine Entscheidung darüber fällte, was er tun würde. Er lebte gemäß seinen Entscheidungen.

Die Menschen unserer Umgebung werden sehr stark von den Entscheidungen bestimmt, die wir treffen. Jesus fordert uns auf: »Komm und lerne«, aber wir möchten oft lieber »gehen und tun«.

Gott zwingt uns Seinen Willen nicht auf, aber wenn wir nicht nach Gottes Willen leben, zwingt Satan uns den *seinen* auf.

Ich erinnere mich an die Geschichte von dem Farmer und dem Maulesel, die Papa zu erzählen pflegte. Der Esel war sehr störrisch und wollte einfach nicht gehen, so sehr der Farmer sich auch bemühte.

Da kam eine Biene daher und sagte zum Farmer: »Ich werde dir helfen.«

Der Farmer schüttelte den Kopf. »Wenn ich diesen störrischen Esel nicht dazu bringen kann, den Pflug zu ziehen, wie willst du das schaffen?«

»Oh, ich kann zwar nicht machen, daß der Esel geht«, gab die Biene zu, »aber ich kann machen, daß er *bereit* ist zu gehen.« In einem Lied heißt es:

Gott ruft uns nie, gegen unseren Willen zu gehen,
aber Er macht uns willig zu gehen.

Manchmal ist es schwer, Gott zu gehorchen – aber noch schwerer ist es, Ihm nicht zu gehorchen. Wenn wir Gott gehorsam sind, dürfen wir alles Weitere getrost Ihm überlassen. Ich griff nach meinem Lieblingsandachtsbuch, *Mein Äußerstes für Sein Höchstes* von Oswald Chambers, und las:

> Der Krieg muß nicht gegen die Sünde geführt werden (wir können niemals gegen die Sünde kämpfen; Jesus Christus nimmt die Sünde auf sich, durch Seine Erlösungstat); der Kampf entsteht dadurch, daß unser natürliches Leben in ein geistliches Leben verwandelt werden soll; das fällt uns nie leicht, und Gott will auch nicht, daß es uns leicht fällt. Es kann nur durch eine ganze Reihe innerer Entscheidungen vollzogen werden.

»Komm und lerne«, hat Jesus gesagt. Es liegt an uns, die entsprechende Entscheidung zu treffen.

Im Mai 1988 gab es auf der Interstate 71 bei Carrolton/Kentucky einen schrecklichen Verkehrsunfall. Ein Lieferwagen war in verkehrter Richtung auf die Autobahn aufgefahren und stieß frontal mit einem Kirchenbus zusammen, wobei 27 Menschen getötet wurden. Während der Beerdigung für die Kinder, die bei dem tragischen Unfall ums Leben gekommen waren, stand eine schwarze Frau auf und sang:»Ich bin schon zu weit gegangen, um wieder umzukehren.«

Obwohl ihr wegen ihres Sohnes schier das Herz brach,
traf sie bewußt die Entscheidung zu gehorchen –
zu singen und nicht umzukehren.

Ihr Kind lag in einem dieser Särge, aber die Entscheidung der Mutter war gefallen. »Ich aber und mein Haus, wir wollen dem Herrn dienen« (Josua 24,15).

Gott zwang diese Frau nicht dazu, zu singen. Er zwang sie nicht, auf geradem Kurs zu bleiben. Sie hatte die Freude des Gehorchens bereits seit langem kennengelernt. Und wieder – obwohl ihr wegen ihres Sohnes schier das Herz brach – traf sie bewußt die Entscheidung zu gehorchen – zu singen und nicht umzukehren. Sie wollte den Verheißungen Gottes weiter vertrauen.

Ihr Sohn würde »bleiben im Hause des Herrn immerdar«, denn Jesus war hingegangen, um ihm eine Stätte zu bereiten. Seine Mutter war noch dabei, im Glauben zu wachsen. Sie war noch dabei zu lernen, Jesus voll und ganz zu vertrauen.

22

Der Schneesturm

Drüben auf der anderen Seite scheint die Sonne.

E s fing am Freitag, dem 16. Dezember 1988, um 7 Uhr morgens an, als Chris, meine Schwiegertochter, und ich uns auf die Reise machten. Harold lud Bücher und Koffer ins Auto, lächelte uns freundlich zu und ermahnte uns, vorsichtig zu fahren, weil es regnete.

Nach einem kurzen Gebet griff Chris nach dem Lenkrad, und wir fuhren los in Richtung Bundesstraße 421. Unser Ziel, die Stadt Greensboro in North Carolina, lag zweihundert Meilen entfernt.

Wir waren dort zum Mittagessen im Selbstbedienungsrestaurant K & W mit meinen beiden Schwestern Grace und Doris verabredet. Chris und ich lachten und freuten uns über die Gelegenheit, einmal ohne Kinder unterwegs zu sein. Sie wollte sich mit ihrer Freundin Peggy treffen und mit ihr die letzten Schnäppchen fürs Weihnachtsfest besorgen. Ich hatte Feder und Papier dabei, um in Ruhe den Nachmittag über bei meiner Schwester schreiben zu können. Ich sollte nämlich am nächsten Tag beim traditionellen Weihnachtsfrühstück in der Trinity Church sprechen. Während wir fuhren, regnete es pausenlos weiter, aber die Scheibenwischer sorgten für verhältnismäßig gute Sicht. Plötzlich jedoch wurde aus dem Regen Schnee! Ich weiß natürlich, daß meine Freunde in Kanada sich nicht allzusehr über Schnee aufregen, aber eine einzige Schneeflocke unterhalb der Mason-Dixon-Linie bringt den gesamten Verkehr im Süden der U.S.A. auf einen Schlag zum Erliegen.

»Wie tief ist der Schnee, Doris? Das Weihnachtsfrühstück ist doch bestimmt abgesagt, oder?«

Chris und ich gerieten immer mehr in Panik. Schneeflocken, so groß wie Marshmallows, kamen uns entgegen, flogen gegen die Windschutzscheibe und hatten bald die ganze Kühlerhaube zugedeckt. Wir hielten an einer Tankstelle an, um uns bezüglich des Wetters Rat zu holen.

Während der Tankwart einem Kunden den Tank auffüllte, hörte letzterer uns zu und schüttelte dann besorgt den Kopf. »Gott, erbarme dich!« rief er aus. »Kehren Sie lieber um, und zwar sofort! Ich bin ein Stück weitergefahren, da war es noch schlimmer – viel schlimmer als hier. Sie wollen doch bestimmt nicht im Schneesturm steckenbleiben. Fahren Sie schnell zurück!«

Chris zuckte ergeben die Achseln. Man sah ihr an, wie enttäuscht sie war, aber sie wendete den Wagen und fuhr vorsichtig zurück nach Hause.

Harold und Ralph erwarteten uns schon. »Mann, sind wir froh, euch wiederzusehen«, rief Ralph aus. »Ich schätze, das Frühstück ist abgesagt worden. Muß ein gewaltiger Schneesturm in Greensboro sein. Wir haben hier nie soviel Schnee. Übrigens, wie schlimm ist es denn in Greensboro?«

»Das wissen wir auch nicht – wir sind einfach wieder zurückgefahren, weil der Mann an der Tankstelle bei Clinton uns gesagt hat, daß es ein Stück weiter noch schlimmer wäre.«

»Soll das heißen, daß ihr nicht bei Doris angerufen habt?« wollte Harold wissen.

Chris ging entschlossen zum Telefon und nahm den Hörer ab. »Wie tief ist der Schnee, Doris? Das Weihnachtsfrühstück ist doch bestimmt abgesagt, oder?«

»Wir haben überhaupt keinen Schnee hier, nur herrlichen Sonnenschein. Das Weihnachtsfrühstück findet selbstverständlich statt. Macht, daß ihr wieder ins Auto kommt, und laßt euch nicht von dem bißchen Schnee abhalten. Bei uns scheint die Sonne!«

Ich griff nach dem Hörer. »Habe ich recht gehört?« fragte Doris. »Ihr wart bereits halbwegs in Greensboro und habt mich nicht angerufen, sondern seid einfach zurückgefahren?«

Wir kamen uns vor wie Idioten! Schnell tranken wir eine Tasse heißen Kaffee und aßen ein paar von Ralphs Doughnuts, ehe wir erneut ins Auto stiegen und auf die Bundesstraße 421 zusteuerten. Harold und Ralph durften weiterbeten.

Tatsächlich wurde es mit dem Schnee schlimmer, aber wir fuhren trotzdem weiter. »Doris hat gesagt, daß bei ihnen die Sonne scheint«, redeten wir einan-

der gut zu. Wir fuhren vorsichtig und unter viel Gebet. Wir waren noch nie im Schnee Auto gefahren.

Mit einem Seufzer der Erleichterung erreichten wir
schließlich Dunn, auf halbem Weg nach Greensboro
gelegen, und hielten bei der Waffelstube an. Die Ei-
gentümer, die auch Christen waren, begrüßten uns
wie liebe Verwandte. Aber das war noch nicht alles.
Die Sonne schien wirklich. Kein Schnee! Keine einzige
Flocke!

Wir waren zu früh umgekehrt!

Es erübrigt sich zu sagen, daß das Mittagessen mit
Grace und Doris nicht stattfand, daß Chris und Peggy
nur sehr wenig Zeit zum Einkaufen blieb und daß ich
nicht *ein* Wort zu Papier brachte.

Der Samstagmorgen kam, und wir versammelten
uns, wie geplant, zum alljährlichen Weihnachtsfrühstück in der Trinity Church. Die Sonne schien immer
noch!

Ich erzählte den Anwesenden von »unserem
Schneesturm«, und alle lachten. »Wir haben uns von
einem Mann Rat geholt« fuhr ich fort, »der ganz bestimmt die Wahrheit gesagt hat; ein Stück weiter war
der Schnee tatsächlich schlimmer. Aber nur bis dahin,
wo er umgedreht hatte. Am Ende der Reise sah die
Sache total anders aus.«

Oft geht es uns in den Stürmen des Lebens ähnlich.
Wir fragen die um Rat, die selber noch im Sturm stek-
ken. Dabei läßt Gott uns von der anderen Seite her die
Botschaft zukommen: »Nur Mut, hier scheint die
Sonne!« Die Bibel sagt, daß unsere Augen und Ohren
überhaupt nichts von der Herrlichkeit jenseits des
Sturmes ahnen.

Mose durfte von einem Berg aus das verheißene
Land sehen. Gott ließ ihn über den Sturm hinaus-

schauen. Johannes, auf die Insel Patmos verbannt, sah ebenfalls über den Sturm hinaus und gab entsprechende Anweisungen.

Seit Jahrzehnten singen Gotteskinder das Siegeslied:

Wenn wir zieh'n in den Himmel,
welch ein Tag voller Jubel wird das sein!

Jesus sagte Seinen Jüngern, sie würden auf die andere Seite des Sees fahren. Von dem Sturm sagte Er nichts (siehe Matthäus Kapitel 8).

Der Glaube versteht die Gegenwart im Licht der Zukunft, und Gott benutzt oft die Stürme, um unseren Glauben zu stärken. Unser Erzfeind, die Furcht, kann uns nicht besiegen, wenn wir uns ihr nicht selbst unterwerfen.

Dadurch, daß wir zu schnell umgekehrt waren und uns nicht vom Ziel her hatten leiten lassen, hatten wir uns selber geschlagen gegeben. Wir waren schon beinahe aus der Sturmzone heraus gewesen, aber wir wußten es nicht.

Als ich über die Versammelten schaute, erinnerte ich mich daran, wie Roy Putnam als junger Pastor zusammen mit einer kleinen Gruppe von Christen, die bei einer Evangelisation in Greensboro zum Glauben gekommen waren, die Trinity Church gegründet hatte.

Der Wind warf das Echo ihrer warnenden Worte zurück:
»Bleibt ganz nah am Zaun!«

Über dreißig Jahre lang prägte dieser hochbegabte Mann die Gemeinde mit seinen dynamischen Predigten und Gebeten, und Tausende wurden durch ihn gesegnet. Trinity Church, dieses wunderschöne Gotteshaus, stand als ein mächtiger Pflock der Wahrheit an einem festen Ort.

Dann holte Gott ihn heim.

Für viele Jahre hatte er seine Gemeindeglieder gelehrt, wie man leben soll, und durch die tiefen Wasser des Leides lehrte er uns, wie man sterben soll. Er durfte einen Blick in die jenseitige Herrlichkeit tun und ging mit einem Lob Gottes auf den Lippen heim zu seinem Herrn.

Das Herz tat mir weh beim Anblick von Frau Putnam, die still, gefaßt und treu zusammen mit ihren Kindern und der gesamten Gemeindefamilie durch den Sturm ging. Doch was sie all die Jahre von Roy Putnam gehört hatten, kam jetzt zu ihnen zurück und erinnerte sie daran: »Auf der anderen Seite scheint die Sonne.«

Als mein Vater sich einmal im Norden Kanadas in einem Schneesturm verirrt hatte, rief er aus: »O Gott, ich weiß nicht mehr, wo ich bin, aber du weißt es. Führe mich an einen sicheren Ort!«

Er fühlte sich von einer warmen Gegenwart eingehüllt und wurde zu einer Blockhütte geführt, die beinahe unter hohen Schneewehen begraben war. Die Leute in der Hütte nahmen ihn auf, der Sturm ging vorüber, und Papa traf genau am Heiligabend wieder zu Hause ein.

Als mein Mann Harold noch ein Junge war und mit seiner Familie in Colorado lebte, pflegte seine Mutter den Kindern, wenn sie in die Schule mußten, einzuschärfen: »Bleibt ganz nah am Zaun! Geht nicht quer über die Felder, auch wenn der Weg kürzer ist. Der Schnee ist dort tief, und man kann leicht darin versinken.« Der Wind warf das Echo ihrer warnenden Worte zurück: *Bleibt ganz nah am Zaun!* Wir dürfen nicht das Risiko eingehen, den vermeintlich kürzeren Weg quer über die Felder menschlicher Philosophie einzuschlagen. Jesus hat gesagt: »Ich bin der Weg, die Wahrheit und das Leben. Niemand kommt zum Vater als nur durch mich« (Johannes 14,6). Immer noch tönt es aus unserem himmlischen Vaterhaus herüber: »Auf der anderen Seite scheint die Sonne.«

23

Der Querbalken

Der Glaube ist der Baum, von dem alle
guten Eigenschaften herkommen.

Gewaltige Tannen standen wie riesige, stumme Wächter um das alte Jagdhaus in New Hampshire, so daß man kaum mehr den Himmel sah. Leise fiel der Schnee herab und deckte die Bäume mit einem Mantel aus funkelnden Diamanten zu; das Haus lag da wie in ein stilles, winterliches Märchenland gehüllt. Drinnen prasselten riesige Holzscheite im steingemauerten Kamin und verbreiteten eine wohlige Wärme im ganzen Raum.

Aus den angrenzenden Schlafhütten kamen die Frauen, und ihre Stiefel knirschten auf den schneebedeckten Fußsteigen. Voller Erwartung, aber auch mit leiser Trauer, kamen sie zu dieser letzten Versammlung der Frauenfreizeit 1988. Einige Minuten später war der eben noch leere, rustikale Raum mit dem Klang von Musik und Gelächter erfüllt.

Ich stand auf, um zu sprechen, und begann mit den Worten: »Unser Thema an diesem Wochenende

kommt bekanntlich aus Jesaja 22,23: *Und ich werde ihn
als Pflock (oder: Nagel) einschlagen an einen festen Ort.
Also bleibt an eurem Platz!*«

Ich forderte die Frauen auf, sich den Querbalken an
der Decke genau anzusehen und auf die vielen
Pflöcke, Bolzen und Nägel zu achten, die den Balken
hielten. »Stellt euch einmal vor«, sagte ich, »die Nägel
würden alle über Nacht beschließen, sich heimlich da-
vonzumachen. Langsam, nach und nach, ganz all-
mählich würde einer nach dem anderen abhauen, bis
der Balken immer weniger Halt hätte und schließlich
herabstürzen würde. Das ganze Haus würde zusam-
menbrechen.«

Dieses tragische Bild verglich ich dann mit unserer
Welt, denn vor ungefähr fünfzig Jahren begannen die
Nägel unserer Gesellschaft, sich still und heimlich da-
vonzumachen.

---

*Aus den Spuckekugeln und dem Kaugummi
von vor fünfzig Jahren sind inzwischen so
schreckliche Dinge wie Mord und
Vergewaltigung geworden.*

Zuerst ließen die Väter, dann die Mütter einer nach
dem anderen ihre Familien im Stich, um einer illusio-
nären »Selbstverwirklichung« nachzujagen. Wenn
Menschen sich nicht mehr der Autorität und den
Maßstäben des einzig wahren Gottes unterstellen
wollen, werden sie sich früher oder später unweiger-
lich vor einem geringeren Gott beugen. Die Stolzen
fallen vor dem Gott der Macht nieder, die fleischlich
Gesinnten vor dem Gott des Vergnügens und die Hab-
gierigen vor dem Gott des Geldes.

Einmal fragte meine Tochter Janice ihre Großmutter:»Was ist das Geheimnis deines glücklichen Christenlebens?«

»Ein dankbares Herz«, lautete die schlichte Antwort. »Seid dankbar in allen Dingen muß unser Lebensmotto sein. Ein undankbares Herz kann uns in den Abgrund irgendeiner Sünde führen.«

Wir alle haben etwas, was wir lieben: das Vergnügen, das Geld, die Arbeit – oder Gott. Was den ersten Platz in unserem Leben einnimmt, wofür wir die meiste Zeit und Energie einsetzen, das ist der Gott, der uns beherrscht.

Wenn Eltern beschließen, einem geringeren Gott zu dienen, haben die Kinder zu Hause nichts mehr, an dem sie sich festhalten können. Das Heim, die Familie, der tragende Balken der Zivilisation, wird nach und nach immer schwächer, bis das Haus schließlich zusammenbricht. Die Kinder ziehen in die Ferne, immer auf der Suche nach etwas, was ihnen Halt geben kann.

Es muß etwas Entscheidendes zusammengebrochen sein, wenn aus den Spuckekugeln und dem Kaugummi von vor fünfzig Jahren inzwischen, nur eine Generation später, so schreckliche Dinge wie Mord und Vergewaltigung geworden sind. Jawohl, es ist etwas Entscheidendes zusammengebrochen, nämlich die Familie. Satan hat keine Ruhe gegeben, bis er mit seinem Wind des Zweifels den Glauben in Amerika und anderswo auf der Welt total ins Wanken gebracht hat.

Der Glaube an Gott ist der tragende Balken in der Familie. Die Götter unseres säkularen Zeitalters haben die Aufmerksamkeit langsam, aber sicher von der Autorität Gottes und von Seinen Normen weggelenkt.

Das *Herz* muß die heilige Stätte der Wahrheit bleiben und die *Familie* die Hüterin der von Gott gesetzten Maßstäbe.

Von Spurgeon stammt der Ausspruch: »Wenn die göttliche Wahrheit einmal ins Herz des Menschen eingedrungen ist, kann keine Macht der Welt sie daraus vertreiben. Die Wahrheit ist kein vorübergehender Besucher, sondern der Herr des Hauses.«

Der Glaube ist der Baum, von dem alle guten Eigenschaften herkommen. Er macht die schwachen Nägel stark, die zweifelnden entschlossen, die zaghaften mutig.

Kein Wunder, daß Satan sich alle Mühe gibt, unseren Glauben ins Wanken zu bringen. Das *Kreuz* ist der tragende Balken unseres Glaubens.

Das Herzstück unserer Erlösung ist das Kreuz Jesu Christi – der Punkt, an dem Gott und der Sünder mit einem Krach aufeinanderprallen und der Weg zum Leben sich öffnet. Oswald Chambers schreibt: »Der Zusammenstoß fand im Herzen Gottes statt.«

Ich erklärte den Frauen, daß wir an diesem Wochenende aus der unheiligen Arena einer Kultur, die sich den göttlichen Maßstäben gegenüber zunehmend feindselig verhält, herausgenommen und für einige Stunden in das Heiligtum Seiner Gegenwart hineingestellt worden seien.

»Und nachdem wir im Heiligtum neue Kraft getankt haben«, fuhr ich fort, »müssen wir, du und ich, hinausgehen, um in einer Welt der Disharmonie für Harmonie zu sorgen, in der Wüste Wasser zu spenden und in einer Welt voller Furcht und Haß Liebe zu verbreiten. Laßt uns, ehe wir von neuem in die Welt zurückkehren, wo stürmische Winde unseren Glauben zu Fall bringen wollen, noch einmal am Kreuz von

Golgatha niederknien, dem Dreh- und Angelpunkt
aller Zeiten.

Hinter unserem Gehorsam steht die Realität des
Kreuzes, jenem ›alt-rauhen Kreuz, von der Welt so
verhöhnt‹, dem tragenden Balken unseres Glaubens.
Jesus hätte ohne Schwierigkeiten vom Kreuz her-
absteigen können, aber Er blieb dort. Mit Nägeln der
Liebe war Er an einen festen Ort eingeschlagen, für
dich und für mich.

Eines herrlichen Tages wird Jesus wiederkommen
und als König der Könige über diese Erde herrschen.
Aus jedem Volk und Stamm werden sie dann zu Ihm
kommen, die *Nägel*, die durch Gottes Gnade durchge-
halten haben und fest an ihrem Platz geblieben sind.«

• • •

P.S.: Auch für mich war es Zeit, nach Hause zu fahren.
Zeit, die schneebedeckten Tannen in New Hampshire
zu verlassen und heimzukehren ans Meer, wo der
Wind durch das Pampasgras weht – heim zu den
brandenden Wellen des Ozeans und dem schrillen
Schrei der Möwen. In meinem Herzen stimmte ich in
das Loblied der gesamten Schöpfung mit ein:

Dann jauchzt mein Herz Dir, großer Herrscher, zu:
Wie groß bist Du, wie groß bist Du!

• • •

Der Nagel

Befestigt durch dich,
ein Nagel, abgebrochen, verbeult und krumm,
ein Gefäß, durch Sünde verdorben,
kannst du so etwas gebrauchen?

Befestigt durch dich,
ein einsames, leeres Etwas,
mit zerstörten Träumen
und gebrochenem Flügel?

Befestigt für mich?
Durch tränenverschleierte Augen
sehe ich deine durchbohrte Hand,
für mich ans Holz geschlagen.

Befestigt durch dich!
O wunderbare Liebe und Gnade:
der zerbrochene Nagel wurde heil durch Gottes Vergebung.
Du hast ihn eingeschlagen an einen festen Ort,
hast ihn brauchbar gemacht – an deinem Ort.

– Margaret T. Jensen